essentials

essentials liefern aktuelles Wissen in konzentrierter Form. Die Essenz dessen, worauf es als „State-of-the-Art" in der gegenwärtigen Fachdiskussion oder in der Praxis ankommt. *essentials* informieren schnell, unkompliziert und verständlich

- als Einführung in ein aktuelles Thema aus Ihrem Fachgebiet
- als Einstieg in ein für Sie noch unbekanntes Themenfeld
- als Einblick, um zum Thema mitreden zu können

Die Bücher in elektronischer und gedruckter Form bringen das Expertenwissen von Springer-Fachautoren kompakt zur Darstellung. Sie sind besonders für die Nutzung als eBook auf Tablet-PCs, eBook-Readern und Smartphones geeignet. *essentials:* Wissensbausteine aus den Wirtschafts-, Sozial- und Geisteswissenschaften, aus Technik und Naturwissenschaften sowie aus Medizin, Psychologie und Gesundheitsberufen. Von renommierten Autoren aller Springer-Verlagsmarken.

Weitere Bände in dieser Reihe http://www.springer.com/series/13088

Martin Pittner

Consumer Segment LOHAS

Nachhaltigkeitsorientierte Dialoggruppen im Lebensmitteleinzelhandel

FH-Prof. Mag. Dr. Martin Pittner, MA
Wien, Österreich

Weiterführende Informationen finden Sie in der Publikation: Pittner, Martin (2014): Strategische Kommunikation für LOHAS. Nachhaltigkeitsorientierte Dialoggruppen im Lebensmitteleinzelhandel. Schriftenreihe der FHWien der WKW. Wiesbaden: Springer Gabler.

ISSN 2197-6708 ISSN 2197-6716 (electronic)
essentials
ISBN 978-3-658-17141-4 ISBN 978-3-658-17142-1 (eBook)
DOI 10.1007/978-3-658-17142-1

Die Deutsche Nationalbibliothek verzeichnet diese Publikation in der Deutschen Nationalbibliografie; detaillierte bibliografische Daten sind im Internet über http://dnb.d-nb.de abrufbar.

Springer Gabler

Gedruckt auf säurefreiem und chlorfrei gebleichtem Papier

Springer Gabler ist Teil von Springer Nature
Die eingetragene Gesellschaft ist Springer Fachmedien Wiesbaden GmbH
Die Anschrift der Gesellschaft ist: Abraham-Lincoln-Str. 46, 65189 Wiesbaden, Germany

Was Sie in diesem *essential* finden können

- Einführung in die Grundbegriffe CSR und Nachhaltigkeit
- Überblick über den Lebensmitteleinzelhandel in Österreich
- Darstellung der Markenführung von Bio-Eigenmarken im Lebensmitteleinzelhandel
- Beschreibung der an grünen Werten orientierten Dialoggruppen
- Tipps für die Unternehmenspraxis, um an grünen Werten orientierte Dialoggruppen zielgruppengerecht anzusprechen

Vorwort

Die vorliegende Veröffentlichung wurde basierend auf der Grundlage der Dissertation von FH-Prof. Mag. Dr. Martin Pittner, MA erarbeitet. Martin Pittner ist Academic Coordinator Marketing, PR & New Media sowie Head of Program MSc Marketing and Sales Management am Institut für Kommunikation, Marketing & Sales der FHWien der WKW. Er ist Absolvent des Universitätslehrganges für Public Communication, Universität Wien und studierte Psychologie/BWL an der Universität Graz. In seinem im Springer Gabler-Verlag erschienenen Werk „Strategische Kommunikation für LOHAS – Nachhaltigkeitsorientierte Dialoggruppen im Lebensmitteleinzelhandel" hat er den aktuellen Stand der Forschung zur Trendzielgruppe der „LOHAS" zusammengefasst. Das *essential* beinhaltet Auszüge aus seiner Dissertation zu dieser vom Handel als Konsumgruppe stark umworbenen Dialoggruppe und erläutert, wie diese im Rahmen der Unternehmenskommunikation angesprochen werden sollen.

Für den steten akademischen Austausch sei an dieser Stelle noch ein herzliches Dankeschön an Univ.-Prof. Dr. Peter Vitouch ausgesprochen.

Wien, Österreich
November 2016

Martin Pittner

Inhaltsverzeichnis

1 Einleitung

Ein neuer Lebensstil bzw. eine alternative Konsumkultur erfährt seit Jahren verstärkte mediale Aufmerksamkeit: die LOHAS. Anhänger des „Lifestyle of Health and Sustainability" (LOHAS) legen Wert auf Bio-Nahrung, Nachhaltigkeit und Individualität und sind nach Aussagen der Marktforscher eine fragmentierte, wenig transparente Zielgruppe und nur schwer über klassische Marketingaktivitäten zu überzeugen. Die Studien zu der neuen Dialoggruppe bzw. Bewegung publizieren zum Teil Charaktereigenschaften der LOHAS, führen jedoch keine weiteren Aussagen zu den Beweggründen (Psychografie) an. Die in den Studien eingesetzten Erhebungsmethoden, aufgetretene Schwierigkeiten innerhalb der Erhebung wie z. B. Interviewer-Einflüsse und Nachteile der Befragungsinstrumente werden nicht genannt. Oft sind die Untersuchungen thematisch sehr breit angelegt (vgl. Rössler und Brenken 2009, S. 4–6).

Um der LeserIn den Einstieg in das Thema zu erleichtern, werden die zentralen Begriffe CSR und Nachhaltigkeit vorab definiert. Weiterführende Begriffe werden in den folgenden Kapiteln eingeführt.

Corporate Social Responsibility (CSR) ist ein Konzept mit unterschiedlichen Definitionen und Verständnissen. Zahlreiche Autoren betrachten das Thema CSR aus verschiedenen Blickwinkeln, weswegen man auch von der „Konzept-Familie" CSR sprechen könnte (vgl. Prexl 2010, S. 66).

Die vorliegende Studie nutzt als Grundlage die Definition der EU-Kommission (vgl. 2001), die soziale Verantwortung sehen als

> ein Konzept, das den Unternehmen als Grundlage dient, auf freiwilliger Basis soziale Belange und Umweltbelange in ihre Unternehmenstätigkeit und in die Wechselbeziehungen mit den Stakeholdern zu integrieren. Sozial verantwortlich handeln heißt nicht nur, die gesetzlichen Bestimmungen einhalten, sondern über die bloße Gesetzeskonformität hinaus „mehr" investieren in Humankapital, in die Umwelt und in die Beziehungen zu anderen Stakeholdern (EU-Kommission 2001, S. 7).

M. Pittner, *Consumer Segment LOHAS*, essentials,
DOI 10.1007/978-3-658-17142-1_1

Die Kommission legte im Oktober 2011 eine neue Definition vor, wonach CSR „...*die Verantwortung von Unternehmen für ihre Auswirkungen auf die Gesellschaft*" umfasst (EU-Kommission 2011, S. 7) und betonen durch Eliminieren des Terminus „freiwillig" die größere Verantwortung der Unternehmen.

Der Begriff **Nachhaltigkeit,** der ursprünglich aus der Forstwirtschaft stammt, umfasst die Aspekte Umweltschutz, energie- und ressourcenschonendes Wirtschaften (vgl. Köppl und Neureiter 2004, S. 5). Er trat seinen Siegeszug in das Bewusstsein der heutigen Gesellschaft im Jahr 1987 durch die Brundtland-Kommission der UN World Commission on Environment and Development an (Hauff 1987, S. 4):

> Eine Entwicklung, die den Bedürfnissen der heutigen Generation entspricht, ohne die Möglichkeiten künftiger Generationen zu gefährden, ihre eigenen Bedürfnisse zu befriedigen und ihren Lebensstil zu wählen (Hauff 1987, S. 4; Vorwort).

Die „Österreichische Strategie für Nachhaltige Entwicklung" (NSTRAT) betont die Integration der Bereiche Umwelt, Soziales und Wirtschaft (vgl. BMLFUW 2002, S. 94).

Der Autor schließt sich im Zuge dieser Arbeit dem Verständnis von CSR und Nachhaltigkeit von Prexl (2010) an, wonach CSR wichtige normative, umsetzungsorientierte und evaluative Komponenten zum Dach-Konzept Nachhaltigkeit beisteuert (vgl. Prexl 2010, S. 69–71). Kassel (2012) betont die größere Interdisziplinarität der Literatur zu Nachhaltigkeit im Vergleich zu Studien in punkto CSR, die zumeist das Verhalten von Wirtschaftsorganisationen untersuchen (vgl. Kassel 2012, S. 135). CSR wird somit in das breitere Konzept der Nachhaltigkeit eingeordnet.

Das Westminster Centre for Sustainable Development definiert **Sustainable Lifeststyles** (an „grünen" Werten orientierte Zielgruppen) als

> patterns of action and consumption used by people to affiliate and differentiate themselves from others, which: meet basic needs, provide a better quality of life, minimise the use of natural resources and emissions of waste and pollutants over the lifecycle, and do not jeopardise the needs of future generations (Bedford et al. 2004, S. 4).

Lebensstilansätze betrachten den Konsumenten gesamtheitlich. Zur Identifikation der Nachhaltigkeitssegmente (im Bereich Ernährung) ist es notwendig, nebst sozialer Lage und subjektiver Haltungen auch Verhaltensdaten der Individuen zu erfassen. Eine positive Einstellung zu Fairtrade-Produkten muss nicht automatisch mit einem hohen Kaufverhalten der ethisch produzierten Produkte einhergehen, wenn z. B. ein niedriges Einkommen im Zuge der sozialen Lage dies verhindert (vgl. Belz et al. 2007, S. 83).

Die Trends und Herausforderungen im Lebensmitteleinzelhandel zu skizzieren und die Bedeutung von CSR für die Markenführung von Bio-Eigenmarken herauszuarbeiten, steht im Mittelpunkt des nächsten Abschnitts.

Der Lebensmitteleinzelhandel in Österreich

2

2.1 Trends und Herausforderungen

Der Lebensmitteleinzelhandel (LEH) als Teil des Einzelhandels hat als Ziel aller Aktivitäten, die Bedürfnisse der privaten Haushalte nach Gütern des „täglichen Bedarfs" in anspruchsgerechter Form zu decken. Dazu zählen neben Lebensmittel und Drogeriewaren auch konsumnahe Non-Food-Artikel, d. h. das Gros der Verbrauchsgüter (vgl. Jauschowetz 1995, S. 17; Kotler et al. 2007, S. 898; Bruhn 1999, S. 257). Diese dienen der unmittelbaren Bedürfnisbefriedigung und sind durch eine hohe Kauffrequenz in kleinen Mengen charakterisiert (vgl. Hofer 2009, S. 114). Der Kauf dieser Produkte erfolgt zumeist impulsiv, d. h. kognitive Informationen wie Produkteigenschaften werden nicht bewusst in die Kaufentscheidung einbezogen (vgl. Kroeber-Riel et al. 2009, S. 447–453). Grundsätzlich kann zwischen Impulskauf und Involvementkauf unterschieden werden. Eine Neigung zum Impulskauf liegt vor, wenn man „bis dato immer zufrieden war", wenig Informationen (z. B. aus der Werbung) zur Verfügung stehen, bei Markentreue, bei Zeitdruck/Stress, geringem Involvement, qualitativ sehr ähnlichen Produkten und bei entsprechender Neigung als Persönlichkeit. Eine Tendenz zum Involvementkauf besteht bei persönlich wichtigen, neuartigen, (sozial) risikobehafteten, langfristigen, Kaufentscheidungen (vgl. Trommsdorff 2009, S. 293–296). Für LOHAS könnte der Kauf einzelner Produkte des „täglichen Bedarfs" wie z. B. Bio-Produkte auch einen Involvementkauf darstellen (Anm. des Autors).

Der Handel ist im 21. Jahrhundert von einzelnen Entwicklungen betroffen, die einen wesentlichen Einfluss auf das Handelsmarketing ausüben. Diese umfassen den *Kunden,* denn *Wettbewerb* und *weitere Rahmenbedingungen.* Bei den *Kunden* zeigt sich eine zunehmende Individualität der Konsumentenansprüche, ein höherer Bildungsstand, reduzierte Konsumausgaben für Lebensmittel, der Wunsch

M. Pittner, *Consumer Segment LOHAS,* essentials,
DOI 10.1007/978-3-658-17142-1_2

nach Komfort bei Routineeinkäufen und die Forderung nach Problemlösungen anstatt Kauf singulärer Produkte, welches die Zusammenarbeit von Industrie und Handel vorantreibt. Sie sehnen sich nach emotionaler Zusammengehörigkeit, Dialog, Wertschätzung und Selbstverwirklichung; auf erlebnisorientierte Einkäufe, Ästhetik und Genuss wird großer Wert gelegt. Einen „Megatrend" stellt der Anstieg des Umwelt- und Gesundheitsbewusstseins dar. Der sensibilisierte Konsument schreibt dem Handel eine „Filterfunktion" zu: er soll gewährleisten, dass die im Sortiment geführten Produkte umweltverträglich sind und weiters umweltschonende Produkte ausbauen.

Beim *Wettbewerb* im Konsumgüterhandel zeigen sich Entwicklungstendenzen wie z. B. Unternehmenskonzentration, differenzierte Betriebstypen und Tendenz zu Preis- und Versorgungsorientierung (Discounter), Straffen der Filialsteuerung, Nutzung von Informations- und Kommunikationstechnologien (IKT), vertikale Integration zwischen Industrie und Handel, Vordringen der Handelsmarken, Expansion der Sortimente, Lean Management, Tendenz zu Problemlösungsorientierung der Angebotsprogramme, evolutionäres Management, Personalentwicklung und Emanzipation des Handels von der Industrie. *Weitere Rahmenbedingungen* sind politisch-rechtliche Umweltfaktoren wie z. B. Liberalisierung der Öffnungszeiten, ökonomische Umweltfaktoren wie z. B. globalisierte Beschaffungs- und Absatzmärkte, sozio-kulturelle Umweltfaktoren wie z. B. die Bevölkerungspyramide oder der Wertewandel in punkto Individualisierung und zunehmendem Hedonismus sowie technologische Faktoren wie z. B. das Web als Vertriebsweg, RFID, Bluetooth, UMTS und neue Warenwirtschaftssysteme (vgl. Ahlert und Kenning 2007, S. 13–19; Jauschowetz 1995, S. 28–31; Hofer 2009, S. 114–117; Haller 2001, S. 18–20).

Die Betriebstypen im LEH lassen sich gemäß der Achsen „Preis" (niedrig-hoch) und „Erlebnisorientierung" (niedrig-hoch) in vier Typen einteilen: Luxusgeschäft (Preis und Erlebnis hoch), SB-Warenhaus/Verbrauchermarkt (Preis niedrig, Erlebnis hoch), Discounter (Preis und Erlebnis niedrig) und kleines LEH-Geschäft (Preis hoch und Erlebnis niedrig; vgl. Jauschowetz 1995, S. 44). Oehme (2001) kategorisiert die Supermärkte gemäß ihrer Größe in „Nachbarschaftsmarkt" (<400 m^2), „Supermarkt" (400–1000 m^2), „Verbrauchermarkt" (1000–2500 m^2) und „SB-Warenhaus" (>2500 m^2; vgl. Oehme 2001, S. 338). Weitere nutzbare Variablen zur Kategorisierung der Betriebstypen sind Art des Standortes, Größe und Zusammensetzung des Sortiments, Art des Kundenkontakts und Preisstellung (vgl. Müller-Hagedorn und Natter 2011, S. 91).

Der große Wettbewerb im österreichischen LEH durch wenige Mitbewerber hat eine lange Tradition (vgl. Hackl et al. 2000, S. 1003; Bell 1999, S. 18). Während die Zahl der Discounter wächst, ist ein dauerhafter Rückgang von kleinen

Filialen festzumachen (vgl. Hofer 2009, S. 116; Moreau 2006, S. 27). Reaktionen der Supermärkte sind sowohl Trading-up (selbstständiger LEH) als auch Trading-Down (z. B. eigene Discount-Linie). Der Anteil an Eigenmarken im Sortiment ist hoch, auch bedingt durch die hohe Anzahl an Discountern (vgl. Oehme 2001, S. 337–338). Biologische Lebensmittel stellen ein wachsendes Segment dar. Lebensmittelhändler aus Deutschland (z. B. REWE, Aldi) dominieren den Markt in Österreich (vgl. Moreau 2006, S. 27).

Gemäß Die Handelszeitung (2016, o. S.) wurde 2015 im österreichischen LEH 19,5 Mrd. EUR Umsatz erwirtschaftet (18,9 Mrd. EUR; 2014). Die Verteilung der einzelnen **LEH-Betriebstypen** zeigt: mehr als die Hälfte (56,6 %) der Geschäfte entfallen auf 3240 Supermärkte (400 bis 1000 m^2) und alle Filialen von Hofer und Lidl, die zumeist in entsprechender Betriebsgröße vorliegen. Diese erwirtschaften beinahe zwei Drittel (65,4 %) des LEH-Umsatzes (vgl. Die Handelszeitung 2011, o. S.). Die **LEH-Marktanteile** (Wert 2015) in Österreich verteilen sich wie folgt: 34,2 % entfallen auf REWE (Billa, Merkur, Penny, Adeg), 30,3 % auf SPAR (Interspar, Eurospar, Maximarkt), 20,3 % bzw. 4,1 % auf die Harddiscounter Hofer und Lidl, 6,7 % auf Markant inkl. Zielpunkt sowie 10,6 % auf andere Lebensmittelhändler.

Bei der Wahl der Einkaufsstätte spielt das Einkaufsstättenimage eine wesentliche Rolle: Preis, Sortiment, Qualität, Bedienung, Geschäft und generelle Anmutung resultieren in einem Image, das die Wahl des Geschäfts beeinflusst (vgl. Jauschowetz 1995, S. 78). Wesentliche Werbemaßnahmen im Einzelhandel sind Print-Werbung in Tageszeitungen, Anzeigenblätter und Publikumszeitschriften sowie Werbung in elektronischen Medien wie z. B. Kino, Rundfunk und Fernsehen. Die Effizienz von Prospekten wird im Zuge der voranschreitenden Informationsüberlastung kritisch gesehen. Ein bestehender Trend ist der Einsatz von Kundenkarten, um die Zielgruppenansprache anhand der Kaufhistorie zu optimieren (vgl. Ahlert und Kenning 2007, S. 284–287)

2.2 Die Ökosoziale Zusammenarbeit zwischen Hersteller und Handel

Die Qualitätsansprüche der LOHAS-Kunden stellen auch neue Herausforderungen an die ökosoziale „Efficient Consumer Response (ECR)“ -Zusammenarbeit zwischen Landwirtschaft, Lebensmittelproduzenten und -händlern (vgl. Madlberger 2010, S. 1–3). ECR-Partnerschaften sind

> Kooperationen zwischen rechtlich und wirtschaftlich selbstständigen Hersteller- und Handelsunternehmen zur Beseitigung von Ineffizienzen in der Herstellung sowie in der Distribution, mit dem Ziel, auf allen Stufen des Distributionssystems einen zusätzlichen Nutzen zu stiften (Ahlert und Kenning, 2007, S. 338).

Die Steuerung und Optimierung umfasst die Bereiche Bestellwesen, Gestaltung des Sortiments, Verkaufsförderung und die Entwicklung neuer Produkte (vgl. Ahlert und Kennin 2007, S. 204).

Die Orientierung der Verbraucher an ökosozialen Nutzendimensionen bedingt eine Neuorientierung in der ECR-Zusammenarbeit: Kooperation statt „Vernichtungskonkurrenz" sei ein notwendiger Schritt. Markenartikler und Voll-Sortimenter (z. B. Interspar; Anm. des Autors) können durch den Einsatz von ECR-Standards/-Techniken ein Rationalisierungspotenzial bei den komplexer werdenden LOHAS-Sortimenten in Distribution/Logistik und am Point of Sale realisieren. Dies eröffnet Vollsortimentern die Möglichkeit, mit Discount-Verbraucherpreisen von Hofer/Lidl mitzuhalten und Produzenten von Handelswaren – v. a. kleine und mittlere Unternehmen –, ihre Unabhängigkeit von großen Bio-Eigenmarken zu bewahren.

Auf der Angebots-Seite gilt es, „Green Logistic-Modelle" zu entwicklen, auf Nachfragerseite können den Konsumenten durch ECR Produktinformationen wie Gentechnikfreiheit, regionale Herkunft, Ernährungswerte, CO^2-Belastung, Tierhaltung, Fairtrade u. a. m. kostenextensiv zur Verfügung gestellt werden. Vorgeschlagen wird auch ein „Navigationsprojekt" für LOHAS-Verbraucher, um ihnen am Point of Sale zu helfen, die individuell präferierten Artikel möglichst schnell zu finden (vgl. Madlberger 2010, S. 2). Nachhaltigkeitsrelevante Food-Trends sind Ethic Food, DOC-Food, Nature Food, Health Food und Slow Food (vgl. Heiler et al. 2008, S. 80 f.).

2.3 Schwerpunkte von CSR/Nachhaltigkeit

Der Handel nimmt in der Vermittlung von Waren-, Wert- und Kommunikationsströmen zwischen Herstellern und Konsumenten eine besondere Rolle ein, da er als ökologischer Gatekeeper fungiert (vgl. Schoenheit et al. 2008, S. 12–14; Tappe und Gebhard 2010, S. 7; Ranalli et al. 2009, S. 17). Aufgrund seiner starken Marktposition, kann er sozial-ökologische Forderungen an die Hersteller übertragen und gleichzeitig durch eine vordringliche Warenpräsentation nachhaltiger Produkte das Einkaufsverhalten der Verbraucher beeinflussen. Die Formulierung von Forderungen des Handels gegenüber der Industrie findet insbesondere bei der Produktion von Handelsmarken statt. Verbraucher bringen diesen Eigenmarken ähnliche Nachhaltigkeitsanforderungen entgegen wie Herstellermarken. Aber auch die Hersteller übernehmen Handelsfunktionen (z. B. Online-Vertrieb), welches die *Gatekeeper*-Funktion des Handels etwas relativiert. Als Handlungsempfehlungen der Studie für die gesellschaftliche Verantwortung von Einzelhandelsunternehmen werden angeführt: eine größere Akzeptanz für die Verantwortung des Einzelhandels für nachhaltigen Konsum schaffen, eine deutliche Ausweitung des nachhaltigen Produktsortiments, die Anwendung von nachhaltigen Beschaffungsrichtlinien, eine größere Verbreitung der freiwilligen privatwirtschaftlichen Business Compliance Initiative (BSCI) im Handel, mehr und bessere Informationen über die Nachhaltigkeit der Produkte, ein verbessertes Reporting und mehr Transparenz (vgl. Schoenheit et al. 2008, S. 12–14).

Nahrungsmittel inklusive Getränke umfassen 2008 mit ca. 40 % vom Gesamtumsatz gemäß Hauptverband des deutschen Einzelhandels die größte Produktgruppe im Einzelhandel (vgl. Ranalli et al. 2009, S. 17). Der Lebensmitteleinzelhandel befindet sich im Wandel: Lebensmittel werden korrespondierend zur Niedrigpreispolitik des LEH als selbstverständliche Alltagsgüter eingestuft. Die Bereitschaft der Konsumenten für Lebensmittel zu zahlen, ist als gering einzustufen. Der LEH ist starken Konzentrationsprozessen unterworfen, wobei Discounter an Bedeutung gewinnen. Nachhaltigkeit zeigt sich in der Lebensmittelwirtschaft durch möglichst geringen Einsatz von Pflanzenschutzmitteln, artgerechte Tierhaltung, vielfältige Vermarktungskanäle, Einhaltung sozialer und arbeitsrechtlicher Richtlinien, rurale Wertschöpfung und Beschäftigung, Biodiversität, faire Verteilung der Wertschöpfung entlang der Lebensmittelkette, Ausbau ökologisch bewirtschafteter Anbauflächen, Abfallreduzierung und Recycling sowie die Integration von Produkten und Bauern der sog. Dritten Welt (vgl. Knickel und Schaer 2004, S. 1 f.). Die Analyse der Nachhaltigkeitsaspekte umfasst die Vorproduktion, die Verarbeitung, die Vermarktung, den Verzehr und die Entsorgung der Lebensmittel (vgl. Ranalli et al. 2009, S. 21).

Eine Befragung unter 801 nachhaltigen Konsumenten der deutschen, nachhaltigen Plattform UTOPIA zeigte, dass das Vertrauen in die Nachhaltigkeit von LEH-Unternehmen noch sehr eingeschränkt ist. Am meisten Vertrauen wird den lokalen Bio- und Hofläden entgegengebracht (vgl. Tappe und Gebhard 2010, S. 4–7).

Markenführung von Bio-Eigenmarken im Lebensmitteleinzelhandel

3

Handelsunternehmen kommen dem steigenden Bedürfnis nach ökologisch erzeugten Lebensmitteln nach, indem sie eigene Bio-Handelsmarken[1] etablieren, die sich durch eine konsequent umweltfreundliche Produktions- und Anbauweise charakterisieren. Diese Eigenmarken mit gehobenem Preis- und Qualitätsniveau, ermöglichen den Lebensmittelhändlern Profilierungs- und Differenzierungspotenziale. Das Branding dieser Marken gestaltet sich im Segment der ökologischen Produkte aber schwierig, da Konsumenten bei der Beurteilung der Produkteigenschaften Informations- und Unsicherheitsprobleme wahrnehmen (vgl. Möhlenbruch und Wolf 2008, S. 44).

3.1 Ansätze zur Unsicherheitsreduktion bei Vertrauenseigenschaften

Zur Lösung dieses Problems des Markenmanagements kann auf die Informationsökonomie zurückgegriffen werden. Premiumpositionierte Eigenmarken im Segment der Bio-Lebensmittel lassen sich prioritär durch Vertrauenseigenschaften charakterisieren (vgl. Möhlenbruch und Wolf 2008, S. 42). Der Nachfrager kann nur durch einen hohen Aufwand/Kosten ermitteln, ob ein biologisch produziertes Lebensmittel tatsächlich umweltfreundlich produziert wurde (vgl. Trommsdorff 2009, S. 290). Dies bedingt, dass er den Angaben und Deklarationen des Handelsunternehmens

[1]Zu Bio-Handelsmarken in Österreich zählen bspw. Ja! Natürlich, Echt Bio (REWE), Zurück zum Ursprung, Natur aktiv (Hofer), Natur*pur (SPAR), Biotrend (Lidl), Bio Bio (ZIP Warenhandel) und natürlich für uns (Pfeiffer).

M. Pittner, *Consumer Segment LOHAS*, essentials,
DOI 10.1007/978-3-658-17142-1_3

Vertrauen schenken muss. Aus diesem Grund müssen Lebensmitteleinzelhändler danach trachten, Strategien und Maßnahmen aufzusetzen, die eine eventuell induzierte Unsicherheit beim Konsumenten reduzieren. Die Stellung des Anbieters im Markt, das Gesamtangebot, Marken, Verpackung, Gütesiegel, Preis und qualitative, zum Teil nicht beobachtbare Eigenschaften des Anbieters, wie z. B. die Reputation des LEH-Unternehmens, können positiv auf die Eigenmarken „ausstrahlen" (vgl. Möhlenbruch und Wolf 2008, S. 42–50).

Es konnte experimentell nachwiesen werden, dass „grüne" Produkte, die ihre Umweltfreundlichkeit – z. B. keine Nutzung von Pestiziden bei Bio-Äpfeln – hervorheben, bei Bestehen von nicht-grünen Alternativen bevorzugt werden (vgl. Borin et al. 2011, S. 81). Eine Möglichkeit, die Unsicherheit beim Konsumenten zu reduzieren, ist die Verwendung von Labels und Gütezeichen zur Kennzeichnung nachhaltiger Produkte. Allerdings steigt mit der zunehmenden Anzahl an Labels und „grünen" Botschaften auch die Verwirrung der Konsumenten. Als Effekt konnte in einer Studie (Produktart: Joghurt) eine reduzierte Entscheidungssicherheit und empfundene Zufriedenheit mit der Kaufentscheidung nachgewiesen werden. Das induzierte situative Involvement konnte die Konsumentenverwirrtheit nicht reduzieren. Ein langfristiges, stabiles Involvement im Zuge einer intensiveren Informationsverarbeitung bei Personen mit starkem Umweltbewusstsein, könnte die Verwirrtheit aber dennoch mindern. Die wahrgenommene Glaubwürdigkeit der Labels reduzierte signifikant die Konsumentenverwirrtheit. Die Autoren sprechen sich demgemäß für eine Regulierung der ins Leben gerufenen Öko-Labels aus. Ein Doppel-Labeling wird insbesondere für verbandsregulierte Produkte empfohlen, da die Verwendung eines staatliches Labels die wahrgenommene Glaubwürdigkeit der Botschaften erhöht (vgl. Langer et al. 2008, S. 25–26).

3.2 Reputation des Anbieters als Ansatzpunkt zur Vertrauensgenerierung

Die Konsumenten nutzen die Anbieterreputation der Händlermarken als Vertrauensvorschuss bei der Evaluation von Bio-Eigenmarken, die bei positiver Bestätigung die Unsicherheit der Nachfrager reduziert (vgl. Möhlenbruch und Wolf 2008, S. 45–47; vgl. Duong Dinh 2011, S. 252). Die Reputation bezieht sich hier zumeist auf die besuchte Einkaufsstätte bzw. Betriebstyp (z. B. Billa; Anm. des Autors) und nicht auf das zugehörige Großunternehmen (z. B. REWE; Anm. des Autors). Sie resultiert aus der eingeschätzten Glaub- und Vertrauenswürdigkeit des Handelsunternehmens, die im Zuge von direkten und indirekten Erfahrungen erworben werden, und spiegelt das Ansehen bei den Kunden oder der dispersen Öffentlichkeit wider. Dieser Ruf fungiert als Signal für die Einschätzung von bisherigen und zukünftigen Produkten. So kaufen gemäß der angeführten Studie 64,6 % der Konsumenten biologische Eigenmarken nur bei Handelsunternehmen, denen sie vertrauen (n = 285; D). Die angebotenen Marken und Produkte extrapolieren hier ihr Premium-Image auf das Handelsunternehmen bzw. die Betriebsstätte und vice versa. Die Vertrauenswürdigkeit des Unternehmens hat dann auch wieder Auswirkungen auf die Wiederkaufrate von Bio-Handelsmarken (Kundenbindung). So kann auch ein höherer Preis der Produkte gegenüber der Konkurrenz beim Kunden durchgesetzt werden (vgl. Möhlenbruch und Wolf 2008, S. 45–47). Unternehmensassoziationen üben bei Low-Involvement-Produkten einen größeren Einfluss auf die Produktevaluation aus, als bei High-Involvement-Produkten (vgl. Maheswaran et al. 1992, S. 330 f.).

3.3 Bedeutung von CSR für den Reputationsaufbau

Die ökologische Reputation ergibt sich aus der Einschätzung der Nachfrager in punkto Glaubwürdigkeit der übernommenen sozialen und ökologischen Verantwortung des Gesamtunternehmens (vgl. Möhlenbruch und Wolf 2008, S. 47–50). Hier ist auf eine inhaltliche Übereinstimmung zwischen CSR-Maßnahmen, Produkt-Portfolio und Markenimage zu achten, um das Unternehmensimage positiv zu beeinflussen. Nur bei Ehrlichkeit der eingeschätzten Motive des Anbieters, bewirken CSR-Maßnahmen eine Verbesserung der Reputation (vgl. Yoon et al. 2006, S. 377–390). Umso wichtiger ist es, die Erwartungen der Stakeholder an das Unternehmen dialogisch abzuklären (vgl. Bronn 2012, S. 82).

Zusammenfassend kann angeführt werden, dass die Übernahme von gesellschaftlicher Verantwortung für das Markenmanagement von Premiummarken Potenziale für Betriebstyp und Handelsmarke bereithält. Das Potenzial für den *Betriebstyp* liegt im Aufbau von ökologischer Reputation, in Kundenakquise und Kundenbindung. Das Potenzial für die *Premiummarke* liegt im Aufbau von Glaubwürdigkeit in punkto Ökologie, in der Unsicherheitsreduktion durch Aufbau ökologischer Reputation und im Schaffen von Vertrauen in das ökologische Produktangebot (vgl. Möhlenbruch und Wolf 2008, S. 48).

Dies wirft weitere Fragen auf: was steckt hinter der Consumer (Social) Responsibilty? Wie lassen sich nachhaltigkeitsorientierte (grüne) Dialoggruppen segmentieren? Und welche Konsumhandlungen umfassen der ethisch bzw. nachhaltig motivierte Konsum? Antworten auf diese Fragen zu finden, steht im Mittelpunkt des nächsten Kapitels.

An grünen Werten orientierte Dialoggruppen

4

4.1 Die Psychologie von Consumer (Social) Responsibility

Letztlich hat CSR immer auch mit Consumer Social Responsibility zu tun. Rund ein Drittel der befragten 1300 Konsumenten einer Studie von Mediaedge CIA Düsseldorf geben an, am Point of Sale lieber Produkte engagierter Hersteller zu wählen, sofern Preis und Qualität stimmen (vgl. Holst 2007, S. 19). Und Wissen ist hier Macht: so testet die Stiftung Warentest (test.de) neben den Produkteigenschaften auch die Herstellungsbedingungen. Gemäß dem Soziologen Nico Stehr sind Wohlstand und Wissen auch die entscheidenden Faktoren bei der Moralisierung der Märkte. Als weitere Treiber führt Martin Albrecht – Geschäftsführer der Agentur Touchpoint – die Angst vor der Klimakatastrophe, die Globalisierung und die Digitalisierung ins Treffen (vgl. Raßhofer 2008, S. 58). Und im „Zeitalter der Empfehlung" sind dem Medienwissenschaftler Norbert Bolz zufolge die besseren Medien auch an der neuen Marktmacht der Konsumenten verantwortlich: *„Die neue Moral ist geboren aus dem Geist der Netzwerke"* (Schuster et al. 2007, S. 56–68).

Aber welche Auswirkungen haben CSR-Aktivitäten diverser Unternehmen auf das Konsumenten- bzw. Spenderverhalten? Welche Motive stecken hinter CSR-bezogenen Produktkäufen? Wie erklärt sich die **Psychologie prosozialen Verhaltens?**

Prosoziales Verhalten kann auch als „generalisierter Austauschprozess" verstanden werden. Bagozzi (1975) ordnet hier Situationen ein, in denen der Austauschprozess indirekt und eventuell mit längerem Zeitverzug erfolgt (vgl. Bagozzi 1975, S. 32). Prosoziales Verhalten steht in direkter Verbindung zur ausgeführten sozialen Handlung. Das Motiv dahinter kann sowohl altruistisch als auch egoistisch sein. Auch eine Kombination beider Motive ist möglich

M. Pittner, *Consumer Segment LOHAS*, essentials,
DOI 10.1007/978-3-658-17142-1_4

(vgl. Cialdini et al. 1987, S. 756 f.). Forschung in Zusammenhang mit ehrenamtlicher Tätigkeit hat gezeigt, dass Personen prosoziales Verhalten aus sechs Motiven ausführen: das Ausdrücken der eigenen Werte, das Verständnis neuer Sachverhalte, der Ausbau sozialer Möglichkeiten, das Vorantreiben der Karriere, das eigene Ego zu schützen oder dieses aufzubauen (vgl. Clary et al. 1998, S. 1526–1529). Eine Untersuchung von Basil und Weber (2006) untersuchte den Einfluss von zwei der zuletzt genannten Motive auf CSR-bezogene Produktkäufe. Die Studie zeigt auf, dass Personen mit CSR in Verbindung gebrachte Produkte aus unterschiedlichen Gründen kaufen: die Einen, um ihre soziale Werthaltung zu kommunizieren, die Anderen, um sich in den Augen ihrer „Peers" sozial erwünscht zu verhalten (Egoismus; Sorge um äußere Erscheinung; vgl. Basil und Weber 2006, S. 69). Frauen neigen etwas mehr – aber signifikant – zu ethischen Einstellungen als Männer. Sehr religiöse Teilnehmer einer Untersuchung unter 3000 Bachelor-Wirtschaftsstudenten von 58 Universitäten und Colleges in 32 Staaten Amerikas zeigten ebenfalls höhere ethische Propositionen als weniger religiöse (vgl. Albaum und Peterson 2006, S. 300). Materialistisch motivierter Konsum kann auch mit fehlenden inneren Werten und einer inneren Leere einhergehen. Zunehmend wird der gesellschaftlich vorherrschende „Güter-Reichtum" durch „Zeit-Reichtum" komplementiert bzw. ersetzt (vgl. Reisch 2001, S. 380).

Die Auswirkungen von CSR-Aktivitäten auf Unternehmen mit schlechter Reputation haben Yoon et al. (2006) untersucht. Aufbauend auf Attributions- und Verdachtstheorien haben sie experimentell die Mediatorrolle der Aufrichtigkeit des Motivs hinter CSR-Aktivitäten auf deren Erfolg untersucht. So konnten sie nachweisen, dass CSR-Aktivitäten das Image eines Unternehmens verbessern, wenn die Konsumenten redliche Motive seitens des Absenders vermuten, ineffektiv sind, wenn die Motive zwiespältig sind und sogar das Image verschlechtern können, wenn die Motive als unaufrichtig attribuiert werden. Variablen, die auf die empfundene Aufrichtigkeit einwirken, sind der offenkundige Nutzen des Anlasses bzw. der Aktion, die Quelle, über die die Konsumenten die CSR-Aktivitäten rezipieren und das Verhältnis zwischen CSR-Zuwendung und CSR-bezogener Werbung. Wenn die CSR-Aktivität dem Unternehmen offensichtlich nutzt, hat das negative Auswirkungen auf das Unternehmen, insbesondere wenn die Konsumenten dies über eine Unternehmensquelle erfahren. Dieser Effekt kann verhindert werden, indem mehr Geld für CSR-Aktivitäten als für CSR-motivierte Werbung ausgegeben wird (vgl. Yoon et al. 2006, S. 377–390). Moral im Zuge von CSR-Aktivitäten von Unternehmen wird also goutiert. Inwieweit kann das Ausmaß an Moral von Personen als Prädiktor für deren soziale Verantwortung fungieren? Es konnte nachgewiesen werden, dass das Ausmaß der Konsequenzen einer getroffenen Entscheidung und allgemein anerkannte soziale Maßstäbe das Ausmaß an Moral beeinflussen (vgl. Jaffe und Pasternak 2006, S. 61).

Umweltbewusstsein ist nur ein mögliches Motiv für Umwelthandeln, aber keine notwendige Voraussetzung für ökologisch orientiertes Handeln. Menschen handeln auch ökologisch, um sich gesund zu ernähren. Diese Motivallianzen müssen für eine Diffusion des nachhaltigen Konsums identifiziert und genutzt werden (vgl. Heiler et al. 2008, S. 30). Der Veränderung von Konsummustern steht das zumeist hohe Routinepotenzial im Bereich Ernährung gegenüber (Low Involvement). Dennoch scheint der Bereich Ernährung ein Handlungsfeld zu sein, wo Veränderungen in Richtung Nachhaltigkeit leichter umzusetzen sind (vgl. Heiler et al. 2008, S. 53). Peattie (2001) spannt in ihrer „Green Perception Matrix" anhand der Achsen „Grad des Vertrauens in das Unternehmen" und „Grad des Kompromisses beim Kauf des nachhaltigen Produktes" eine Vier-Felder-Matrix auf: So haben es Produkte, die klare ökologische Vorteile proklamieren und vom Konsumenten wenig Änderungen der eigenen Verhaltensgewohnheiten einfordern, leichter, den Markt zu durchdringen (vgl. Peattie 2001, S. 139).

Die ökologische Wertorientierung unterscheidet sich in unterschiedlichen **Kulturen.** Positive Einstellungen zu biologischen Lebensmitteln und soziale Normen fungieren aber als universelle Prädiktoren des Kaufverhaltens (vgl. Soyez 2012, S. 641). Die Kulturdimensionen nach Hofstede und gelebte Nachhaltigkeit interagieren: so formen Machtdistanz und Vermeidung von Unsicherheit *Idealismus,* Individualismus und Maskulinität bilden *Egoismus.* Idealistische Konsumenten achten sehr auf unethisches Unternehmensverhalten. Unsicherheitsaverse Konsumenten opfern den eigenen Idealismus, um das eigene Wohlbefinden aufrechtzuerhalten (vgl. Leonidou et al. 2009, S. 23–28).

Der Grad an Consumer Social Responsibility kann natürlich inter- und intraindividuell variieren. Dennoch können Lebensstile identifiziert werden, die der gesellschaftlichen Verantwortung einen höheren Stellenwert beimessen.

4.2 Sustainable Lifestyles/LOHAS

Die „British Sustainable Development Commission" verwendet das Konzept der „sustainable lives" *„…to encompass a broad and positive vision of living within the limits of the planet's capacity while providing health, wellbeing and quality of life for this generation (throughout its lifetime) and for future generations." (SDC 2011, S. 5–6).*

Das Österreichische Institut für Nachhaltige Entwicklung (ÖIN) analysierte Lebensstil- und Konsumstiltypologien und Zukunftstrends, um nachhaltigkeitsaffine Zielgruppen zu identifizieren und darauf aufbauend nachhaltige Produktentwicklungen und akkordierte kommunikative Maßnahmen aufsetzen zu können.

Die Studie kombiniert verschiedene methodische Vorgehensweisen wie z. B. Literaturrecherche, die Entwicklung eines Kriterienrasters zum Vergleich der Typologien und die qualitative Analyse von Lifestyle-Panel-Workshops. In Österreich konnten zehn soziale Milieus identifiziert werden, die als potenzielle Dialoggruppen für Kommunikations- und Marketingstrategien nachhaltiger Produkte bzw. Dienstleistungen fungieren können. Um zu diesen Zielgruppen durchzudringen, müssen die Segment-spezifischen Werte, Einstellungen und Handlungsweisen antizipiert und kommunikativ einbezogen werden. Abstrakte Appelle zur Änderung des Lebensstils führen nicht zum gewünschten Ziel. Die Verbraucher müssen bei ihren lebensstilbezogenen Bedürfnissen abgeholt werden. Dabei müssen nachhaltige Produkte nicht nur funktionale Eigenschaften erfüllen, sondern auch soziale, kommunikative und kulturelle Funktionen. Inhalte, Methoden, Medien, Ästhetik und Design müssen zielgruppenspezifisch gewählt werden. Die 200 analysierten Lebensstil- und Konsumtypen weisen teilweise erhebliche Unterschiede in punkto Komplexität, Methodik, Benennung und Reichweite auf. Dennoch bestehen viele Ähnlichkeiten bei den in der Studie erfassten Typologien. Soziale Lage, milieuspezifische Orientierungen und Bedürfnisse sowie Biografie beeinflussen, wie Menschen leben und konsumieren (vgl. Heiler et al. 2008, S. 12–16).

4.2.1 Differenzierung der Nachhaltigkeitssegmente

Im Zuge der angeführten Variablen ergeben sich unterschiedliche Möglichkeiten, Lebensstile zu differenzieren. Eine Studie des Londoner Department for Environment, Food and Rural Affairs segmentiert die Konsumenten anhand zweier Kriterien: „Willing to act“ und „Potential to do more“. Anhand dieser Variablen werden „Hebel“ zur Veränderung des Verhaltens der identifizierten sieben Zielgruppen aufgezeigt (vgl. Defra 2008, S. 10). Die gängigen „grünen“ Konsumhandlungen können aber auch anhand der Ausprägungen auf zwei Achsen erklärt werden: Mikro- oder Makro-Motivation und Involvement als Konsument oder als Bürger. „The blind green consumer“ zeitigt nachhaltige Konsumhandlungen aus egoistischen Motiven. Er/Sie verwendet z. B. Second Hand-Kleidung, um zu sparen. „The individual green citizen“ agiert nachhaltig aus Mikro-Motivationsgründen und fokussiert mit dem Engagement bessere Umweltbedingungen. So werden z. B. biologische Lebensmittel konsumiert, um die eigene Gesundheit zu fördern. „The collective green consumer“ sind Konsumenten, die sich für die Gesellschaft und den Fortbestand des Planeten Erde einsetzen. Z. B. engagieren sie sich gegen die Produktion von Textilien in Sweat Shops. „The collective green citizen“ engagiert sich für einen sozialen Wandel und eine Veränderung unserer Konsumkultur. Ein Beispiel hierfür wäre die

Gründung bzw. Beteiligung an Lebensmittelkooperativen (vgl. Prothero et al. 2010, S. 153 f.). Buba und Globisch (2008) unterscheiden bei ihren „Ökologischen Sozialcharakteren" vier Typen (w/m): Der „Weltveränderer", der „Überforderte Helfer", der „Egoist aus Überzeugung" und den „Resignierten". Wichtige Variablen zur Konzeption der Typen sind Sozialvertrauen/-verantwortung und Selbstvertrauen/-verantwortung der Probanden. Weltveränderer sind aktiv – optimistisch orientiert, Egoisten aktiv – pessimistisch, Resignierte passiv – pessimistisch und Überforderte Helfer passiv – optimistisch (vgl. Buba und Globisch 2008, S. 37).

Ähnlich der oben angeführten Tyologien gibt es verschiedene Ansätze, qualitative und quantitative Daten zu verzahnen, um das Sozial- und Umweltverhalten der Menschen vorherzusagen.

Als zielgruppenübergreifende Konsumentenklasse können die LOHAS identifiziert werden, die ihr Handeln in differentem Ausmaß an Umwelt, Nachhaltigkeit, Gesundheit, Gerechtigkeit und Genuss ausrichten (vgl. Heiler et al. 2008, S. 14).

4.2.2 LOHAS – Neuer Lebensstil und Konsumkultur

Kaiser und Peterka widmen in der Gottlieb Duttweiler Institute IMPULS Frühlingsausgabe 2008 einen Artikel der zunehmenden **Erosion von Vertrauen.** Unter dem Titel „Die Misstrauensfalle" fassen die Redakteure die Ausgangssituation zusammen: *„Die Wirtschaft präsentiert mit Vorliebe trojanische Pferde: Kein Produkt ist mehr, was es zu sein vorgibt. Verunsicherte Konsumenten spielen nicht mehr mit."* (Kaiser und Peterka 2008, S. 8). Die aktuelle Wirtschaftskrise wird damit zum Lackmustest dafür, wie ernst es Unternehmen mit dem Thema „Nachhaltigkeit" nehmen – trotz wachsendem Engagement der Unternehmen, sehen Analysten im „Corporate Responsibility Review 2009" große Unterschiede in punkto Glaubwürdigkeit (vgl. Hassler 2009, S. 3). Diesen Tatbestand kann auch Integral 2012 in einer Studie zu Nachhaltigkeit bei österreichischen Konsumenten für Henkel CEE nachweisen: nur 16 % der Probanden stufen den Hinweis von Unternehmen, bei der Herstellung von Produkten auf Nachhaltigkeit zu achten, als „(sehr) glaubwürdig" ein (vgl. Integral 2012, S. 9).

Diese Rahmenbedingungen fördern die Ausformung neuer Werte und die Entstehung eines neuen Lebensstils: Bewusstseinsbildung, Stressfreiheit, Entschleunigung, Gesundheit, Nachhaltigkeit und Beständigkeit werden favorisiert. Daraus ergibt sich eine verstärkte Suche nach wirtschaftlich, gesundheitlich und ökonomisch sinnvollen Produkten und Dienstleistungen. Zusammengefasst wird diese „gesellschaftliche Bewegung" gerne unter dem Begriff **„LOHAS – Lifestyle of**

Health and Sustainability", einer „Konsumavantgarde", die Gesundheit und Genuss, Lebensstil und Verantwortung in Einklang bringen wollen (vgl. Wenzel et al. 2008, S. 12).

Identifikation der LOHAS-Segmente

Der Begriff LOHAS wurde bereits 2000 von Ray und Anderson in ihrem Buch „Cultural Creatives" geprägt, die diese „Klasse der neuen Kreativen" erstmalig beschreiben. Die Autoren führen in ihrer Lebensstiltypologie der amerikanischen Gesellschaft die Koexistenz der drei Subkulturen „Moderne Performer" (48 %), „Traditionelle" (24,5 %) und „Cultural Creatives" (26 %) an. Die ökologisch orientierten Cultural Creatives bilden die Basis für die zukünftig als LOHAS identifizierten Dialoggruppen. Sie unterteilen diese Gruppe in ein Kernsegment (48 %) und in das Segment der Green Cultural Creatives (52 %; vgl. Ray und Anderson 2000, S. 14 f.).

Das Frankfurter Institut für sozial-ökologische Forschung (ISOE) zählt in Deutschland in etwa ein Drittel der Bevölkerung zu LOHAS-Sympathisanten. Zur neo-grünen Bewegung können aber auch viele gezählt werden, die sich nicht mit dem LOHAS-Begriff identifizieren, denn Umweltfreundlichkeit zählt seit der medial verankerten Diskussion um den Klimawandel zum gesellschaftlichen Konsens. Konsum bedeutet für die „Neo-Grünen" Einflussnahme und Mitbestimmung, welches sie von ihren „Öko-Vorläufern" aus den 1970er Jahren unterscheidet. „Kauf dir eine bessere Welt" lautet die Maxime, die z. B. Claudia Langer – Gründerin der Initiative Utopia – auf ihrer Internet-Plattform www.utopia.de verkündet. Die Nutzer verstehen ihren Einkauf nicht nur als privates Glück, sondern wollen damit auch die Lebensstandards für Mensch und Umwelt auf der ganzen Welt erhöhen (vgl. Nachtwey und Mair 2008, S. 28). Gemäß MPG International würden Konsumenten-Klassifikationen wie z. B. LOHAS die Basis-Einstellungen und Motivationen aber nur am Rande erfassen und somit das Verhalten nur bedingt vorhersagen können (vgl. MPG International 2004, S. 13).

Einer Studie von A. C. Nielsen zufolge zählt jeder vierte Deutsche zum LOHAS-Spektrum – und dieses zieht sich quer über alle soziodemografischen Gruppen (vgl. Schniedermeier et al. 2008, S. 10). Dass „Moralischer Hedonismus" und „Green Glamour" als Beschreibung für LOHAS zu kurz greift, zeigt eine Studie von Müller-Friemauth et al. (2009), die in Kooperation zwischen Karmakonsum und Sinus Sociovision entstanden ist. Sie bildeten die Ideen- und Werte-Cluster auf empirische Basis nach und zeigen aufgrund der **Mind-Sets der LOHAS-Typen** zukünftige Entwicklungen der Nachhaltigkeitsorientierungen auf. Der Arbeit zugrunde gelegt wurde das Lebenswelt-Konzept der Sinus-Milieus, die Menschen aufgrund ähnlicher Lebensauffassung und Lebensweise zu Cluster zusammenfassen. Diese über Jahre rollierende Untersuchung bezieht Werte, Alltagseinstellungen zu Arbeit, Familie, Freizeit, Medien, Geld, Konsum,

Nachhaltigkeit und Ökologie mit ein. Neben der Grundorientierung (Werteachse) bezieht das Modell auch die soziale Lage (Schichtachse) der Probanden mit ein. Die Autoren identifizierten LOHAS nicht als kompakte Kernzielgruppe, sondern als Einstellungssyndrom von zwei Segmenten: ein Kernsegment von 10 %, die klare Präferenzen bei Werten wie Nachhaltigkeit, Umweltschutz, soziale Verantwortung und Gesundheit aufweisen und ein Segment von ca. 20 % affinen Deutschen, die diesem Lebensstil zugetan sind, aber in geringerer Ausprägung. Den deskriptiven Analysen zufolge sind LOHAS eher weiblich (2/3 im Kernsegment), haben eine überdurchschnittliche Ausbildung, ein deutlich überdurchschnittliches Haushaltseinkommen, sind im Vergleich zum Durchschnitt häufiger verheiratet (mit Kindern) und haben Altersschwerpunkte bei 30–40 Jahren sowie bei 60 Jahren (>65 Jahre unterrepräsentiert).

Grundsätzlich haben die LOHAS ihre Werte-Basis in postmateriellen, etablierten und Modernen-Performer-Milieus. Gemäß den Studienergebnissen zieht sich der Kern der LOHAS von der gesellschaftlichen Mitte in oberschichtige Milieus zurück. Dabei besteht die Gefahr der fehlenden Anschlussfähigkeit an die „klimabildende" soziale Mitte. Die bürgerliche Mitte steht weltfremden Forderungen, hochpreisigen Öko-Produkten, technischen Gadgets und stilistischen Experimenten mit Skepsis gegenüber (vgl. Müller-Friemuth et al. 2009, S. 13–25). Nichtsdestoweniger wird der LOHAS-Trend gemäß den Autoren „… eine *neue, soziokulturell breitere und ausgewogene soziale Norm in der Mitte der Gesellschaft…*" ausbilden (Müller-Friemauth et al. 2009, S. 26).

So stehen genussorientierte, ideologische, Status-orientierte, ästhetisch-stilistische, situativ und paradox handelnde LOHAS den Angehörigen der gesellschaftlichen Mitte gegenüber, die als preisbewusst, pragmatisch, Schädliches vermeidend und glaubwürdigkeitsorientiert/authentisch einzustufen sind. LOHAS sind als Trendsetter und medienstarke Zielgruppe v. a. durch ihre Werte und Grundüberzeugungen für verschiedene Milieus anschlussfähig: für jüngere und ältere Menschen, für traditionsbewusste und moderne, für Angehörige der Ober- und Unterschicht. Die Gesellschaft umfasst verschiedene Nachhaltigkeitsorientierungen, die LOHAS-Typen bilden weitere Auffächerungen. Um LOHAS-Gruppen anzusprechen, muss der richtige Kommunikationskanal, die charakteristische Zielgruppenansprache und die verschiedenen Realitäten und Motive einbezogen werden (vgl. Müller-Friemauth et al. 2009, S. 24–27, S. 47). Themen wie Gesundheit, Vertrauen und Genuss spielen in allen Milieus eine Rolle, haben aber eine andere Bedeutung, auf die das Marketing differenziert eingehen muss. So können z. B. moderne Performer als eines der Kernsegmente der LOHAS durch Qualität, Convenience, Fitness, Körper und Gesundheit, Geschmack und Genuss, Tierschutz und technologische Innovationen „abgeholt" werden (vgl. Heiler et al. 2008, S. 70).

Anhand einer Re-Analyse der Daten von Müller-Friemauth et al. (2009) lassen sich fünf LOHAS-Typen (m/w) identifizieren: der *verantwortungsvolle Familienmensch* zeigt eine hohe soziale Motivation bei seinem nachhaltigen Lebensstil, der *Connaisseur* wird vorrangig durch die Motive Genuss und Design geleitet, für die internetaffine *Weltbürgerin* sind nebst Nachhaltigkeit Werte wie Technologie und Gemeinschaft wichtige Attribute, der *Statusorientierte* definiert sein Selbst primär über die Themen Gesundheit und Prestige und die *wertkonservative Moralistin* lebt Nachhaltigkeit über Wertorientierungen wie z. B. Sparsamkeit und regionale Orientierung (vgl. Müller-Friemauth et al. 2009, S. 31–46).

Rössler und Brenken (2009) analysierten das Potenzial der unternehmerischen Nachhaltigkeitskommunikation im Bio-Lebensmittelbereich. Umgelegt auf den Marketing-Mix und die Marketing-Kommunikation konnten für LOHAS folgende Handlungsempfehlungen ausgesprochen werden: LOHAS lassen sich vorrangig über Zeitungsbeilagen und Zeitungsanzeigen, persönliche Kommunikation am Point of Sale und zum Teil Plakat- und Fernsehwerbung erreichen. Auch Kundenempfehlungen und Kundenkarten werden von LOHAS präferiert.

Um auch die breite Masse für Bio-Lebensmittel zu begeistern, muss ein positives Image aufgebaut werden und die Konsumenten von der Qualität und dem Genuss von Bio überzeugt werden. Ein höherer Preis senkt hier die Wechselbereitschaft in Richtung Bio-Lebensmittel (vgl. Rössler und Brenken 2009, S. 104–109).

Eine weitere Studie beschäftigt sich mit der Verortung der LOHAS in den Sinus-Milieus. Zu Beginn wurden Werte, Ziele und Eigenschaften der LOHAS, basierend auf einer Literaturanalyse, ermittelt. In Anlehnung an die bereits zuvor angeführte Einteilung von Ray und Anderson (2000) wurden die LOHAS in die „Intensiven LOHAS" und die „Gemäßigten LOHAS" unterteilt. Die Intensiven LOHAS achten auf ihre innere Balance und setzen sich aktiv für Gerechtigkeit und Nachhaltigkeit ein. Die Gemäßigten LOHAS sind in ihren Werten pragmatischer und weniger gefestigt. Von ihrer Grundhaltung sind sie weltlicher eingestellt und als extrovertierter einzustufen. Durch Vergleich der Typen- und Mileubeschreibungen von LOHAS und Sinus Sociovision konnte im Analogieverfahren folgende Typologie geschaffen werden, die auch potenzielle Kanäle für die Nachhaltigkeitskommunikation auflistet. Das Leitmilieu der Intensiven LOHAS ist das SINUS-Milieu der Postmateriellen, die Leitmilieus der Gemäßigten LOHAS sind die Modernen Performer und die Etablierten. Während für die Intensiven LOHAS Umweltschutz, Gesundheit und Besinnung auf das Wesentliche im Vordergrund steht, verbinden die Gemäßigten LOHAS Umweltschutz mit Selbstentfaltung oder Statusorientierung (vgl. Glöckner et al. 2010, S. 37–40).

Mediennutzung der LOHAS

Die Marktforschung Innofact mit Sitz in Düsseldorf hat 2000 Internetnutzer nach ihrer **Mediennutzung** befragt und kommt zu folgendem Ergebnis: LOHAS bewegen sich überdurchschnittlich oft im Web, nutzen 4–5 Mal stärker überregionale Zeitungen als die Gesamtbevölkerung, konsumieren aber seltener Fernsehen (vgl. Karle 2008, S. 16). Neben der Dominanz von Online und Print, hat sich gezeigt, dass LOHAS sehr breite und tiefe Mediengewohnheiten haben, und sich lieber aktiv informieren, als sich medial „berieseln" zu lassen. Sie tendieren zu intelligenten, dialogorientierten, zeitversetzten Medien. Multioptionalität ist ihre Devise – das Lesen von Fachzeitschriften schließt den Konsum von Soaps nicht aus (vgl. Schobelt 2007, S. 14). Die verstärkte Kommunikation von Unternehmensverantwortung machte auch vor der **Werbung** nicht halt: so zeigt eine Analyse der Hochschule Pforzheim von Anzeigen in „Spiegel", „Focus" und „Wirtschaftswoche" eine Vervierfachung des Anzeigenanteils mit CSR-Schwerpunkt auf (vgl. Sichau 2008, S. 20). Ein zentrales Medium der neuen Ökobewegung ist das **Internet** – Portale wie Utopia.de, Lohas.de, newethics.com, Changex.de dienen der Vernetzung der neuen Grünen (vgl. Pfannenmüller 2008, S. 12).

Mit der weltweiten Vernetzung wächst auch die Macht der **NGO,** die Bedeutung der an den Landesgrenzen endenden Macht der Regierungen verliert an Bedeutung. CSR heißt in dieser vernetzten Welt nicht nur, etwas Gutes zu tun, sondern äußert sich in einer Haltung, die das ganze Unternehmen prägt und sämtliches Handeln durchzieht. *„So ist es für die Unternehmensreputation kontraproduktiv, Behinderte außerhalb des Unternehmens proaktiv zu unterstützen, aber selbst keine einzustellen. Denn das spricht sich schnell herum. Da helfen auch Nachhaltigkeitsberichte nicht weiter – denn die größten Halunken schreiben die besten CSR-Berichte"* (Sywottek 2004, S. 66).

Unternehmen konstruieren durch Corporate Communications auch ein Wertesystem bzw. **Werteuniversum,** indem sie vorgeben, was ein „bewusster Konsument", ein „verantwortliches Unternehmen" und „verantwortliches Verhalten" sind (vgl. Caruana und Crane 2008, S. 1514). Hier sind tiefer gehende Analysen der Nachhaltigkeitskommunikation von Nöten, um die Institutionalisierung von „verantwortlichen Wahlen" in Konsumentscheidungen nachzuvollziehen. So nützen Unternehmen im Web häufig rationale Argumente, um ihre Stakeholder für sich zu gewinnen, da sie davon ausgehen, dass ihre Botschaften eine geringe Glaubwürdigkeit in der breiten Öffentlichkeit aufweisen (vgl. Pollach 2003, S. 285). Den positiven Einfluss von CSR auf Brand Communities/Loyalty konnte Chaudry und Krishnan (vgl. 2007, S. 205–220) in einer experimentellen Studie nachweisen.

4.3 Ethischer und Nachhaltiger Konsum

Konsum ist ein fixer Bestandteil des menschlichen Alltags und mit Ausnahme von größeren Anschaffungen durch Routine und Veränderungsresistenz gekennzeichnet (vgl. Empacher und Stieß 2007, S. 474). Immer mehr Personen berücksichtigen bei ihren Konsumentscheidungen auch ökologische und soziale Kriterien bei ihrer Produktwahl. Der Begriff **„ethischer Konsum"** umschreibt den bewussten Kauf von Produkten und Dienstleistungen, die seitens der Konsumenten als ethisch hergestellt eingestuft werden (vgl. Hobson 2004, S. 123–125). Das bedeutet, dass ethische Konsumenten mit ihren Konsumhandlungen möglichst wenig Ausbeutung von Menschen, Tieren und der Umwelt verursachen wollen. Praktiziert wird dies durch aktive Nachfrage ethischer Produkte bzw. Reduzierung (Voluntary Simplifier) oder Nicht-Konsum von unethischen Produkten und Unternehmen (vgl. Duong Dinh 2011, S. 27). Das Ziel des **„nachhaltigen Konsums"** ist die Etablierung effizienter und suffizienter Konsummuster: effizienter Konsum soll die Reduzierung des Energieverbrauchs und Materialstroms ermöglichen und bezieht sich vor allem auf den Kauf von effizient verarbeiteten Produkten (z. B.: recyceltes Material, energieeffiziente Fertigung etc.). Suffiziente Konsummuster sind jene, die einen genügsamen Lebensstil widerspiegeln (vgl. Singer 2008). Nachhaltiger Konsum muss hierbei sieben Anforderungen genügen: *soziale, ökonomische und kulturelle Voraussetzungen und Auswirkungen* des Konsums werden berücksichtigt, Nachhaltiger Konsum wird als *Zielvorstellung* und nicht als Zustandsbeschreibung verwendet, die *Produktionsseite* wird einbezogen, Konsum hat nebst funktionalen auch *soziale, kulturelle, kommunikative, psychische Funktionen,* Konsum ist *sozial different* und bedarf somit *sozial differenzierter Ansprache* sowie die Anforderung, dass nachhaltiger Konsum *anschlussfähig und leicht lebbar* sein muss (vgl. Heiler 2008, S. 39–40).

Ethischer und Nachhaltiger Konsum sind per se komplexe Phänomene. Warum jemand ethisch bzw. nachhaltig („grün") kauft, hängt von verschiedenen Wirkmechanismen ab. So können den rationalen Kaufentscheidungsmodellen sozial und kulturell bedingte Modelle gegenüber gestellt werden (vgl. Schaefer und Crane 2005, S. 80). Ergebnisse aus der Lebensstilforschung legen eine zielgruppenorientierte Ansprache nahe. Konsumenten erfahren durch den Kauf von nachhaltigen Produkten rationale und emotionale Vorteile. Als Verstärker dient das „grüne" Verhalten der Gesellschaft (vgl. Hartmann und Apaolaza-Ibanez 2006, S. 675–677). Als primärer Vermittler von Werten fungiert die Familie. Weiters wichtig ist das eigene soziale Netz sowie Versuch und Irrtum in täglichen Konsum-Entscheidungen (vgl. Schröder und McKinnon 2007, S. 157 f.). Neben einer positiven

Einstellung zu Umwelt bzw. Soziales unterstützen viele Handlungsmöglichkeiten, präzises Wissen über die Handlungskonsequenzen, ökonomische An- und Abreize, positive Erfahrungen mit nachhaltigen Produkten, Belohnungseffekte und zielgruppenorientierte, emotionalisierende Kommunikation unter Einbindung der sozialen Netzwerke den nachhaltigen Konsum (vgl. Reisch und Kreeb 2007). Der Kauf von z. B. teureren Fair Trade-Produkten via Kreditkarte kann den nachhaltigen Konsum ankurbeln (vgl. Cohen 2005, S. 62 f.). Eine Herausforderung stellt die Ansprache von Konsumenten mit niedrigem Einkommen dar (vgl. Witkowski 2005, S. 31).

Eco-Labeling und Nachhaltiger Konsum produzieren Werte, können aber keinen Systemwechsel im ökologischen Wirtschaften ersetzen (vgl. Dauvergne und Lister 2010, S. 146). Hartmann begrüßt den Kauf von Saison-, Bio- und Fairtrade-Produkten und den Boykott von unethischen Unternehmen, ruft aber in gleichem Atemzug zu einer politischen Grundhaltung und Solidarität auf: *„Wir sollten uns lieber wieder an Bäume ketten, anstatt von Autokonzernen welche pflanzen zu lassen.“* (Hartmann 2009, S. 357).

Der nun folgende Abschnitt fasst die wichtigsten Ergebnisse der Studie zusammen.

Die zentralen Ergebnisse der Studie 5

5.1 Zielsetzung der Studie

Die Ergebnisse der Dissertation von Martin Pittner, die als Basis des *essential* fungieren, sollen die Frage klären, welchen Einfluss CSR auf die Einstellung zu LEH-Unternehmen und Eigenmarken bei Kunden, insbesondere LOHAS hat, und welchen Beitrag CSR zur Wahrnehmung bzw. Kauf von Bio-Eigenmarken leisten kann. Weiters soll beantwortet werden, mit welchen Kommunikationsstrategien Konsumenten bzw. LOHAS am Besten angesprochen werden können.

5.2 Methode der Studie

Um Licht ins Forschungsdunkel zu bringen, führte Pittner eine dreistufige Studie durch: dazu zählten erstens Gruppendiskussionen mit KonsumentInnen, die den grünen Lebensstil befürworten und die Befragung von ExpertInnen im Bereich Handel/Bio/Nachhaltigkeit, zweitens eine Online-Befragung von 709 österreichischen (Bio-)KonsumentInnen zum Thema Nachhaltigkeit im LEH sowie drittens eine Medienresonanzanalyse zum Thema Bio-Eigenmarken und Nachhaltigkeit/CSR. Im Zeitraum von Juli – November 2011 wurden im Zuge einer Online-Studie 1122 Konsumenten zum Thema Nachhaltigkeit im Lebensmittelhandel befragt. Final haben 758 Teilnehmer den Fragebogen vollständig ausgefüllt. Befragt wurden nahezu ausschließlich Bio-Konsumenten, wobei als Vergleichsgruppe auch Nicht-Bio-Konsumenten analysiert wurden. Die Stichprobe teilt sich in 709 österreichische Probanden und 49 Probanden aus dem Ausland (D, CH, NL) auf. Die österreichische Stichprobe besteht zu rund 63 % aus Frauen und zu 37 % aus Männern. Personen im Alter 50+ sind in der Stichprobe zu rund ein

M. Pittner, *Consumer Segment LOHAS*, essentials,
DOI 10.1007/978-3-658-17142-1_5

Fünftel unterrepräsentiert. Dies gilt auch für Probanden ohne Matura, die ca. ein Viertel in der Stichprobe weniger vorkommen, als in der Grundgesamtheit (Ö). Rund die Hälfte der Probanden kommt aus Wien.

5.3 Ergebnisse der Studie

Die wichtigsten Ergebnisse der Studie lassen sich wie folgt beschreiben: mit steigender Relevanz von nachhaltigen Produkten für die Konsumenten wächst auch die Relevanz der „grünen" Zielgruppen für LEH-Unternehmen. Mit zunehmend „grüner" Orientierung haben die Zielgruppen auch ein positiveres Bild des CSR-aktiven LEH-Unternehmens SPAR (Ausnahme: Super-Green). Bei den Nahversorgern Merkur, Penny, Lidl und Zielpunkt sind Super Green kritischer eingestellt als Green Rejectors.

Je grüner die Zielgruppe, desto positiver ist hingegen das Bild von der Biomarke. Da „grüne" Dialoggruppen - insbesondere LOHAS - zu den Meinungsführern im Bereich Nachhaltigkeit zählen, kommt dem *Green Marketing* und den glaubwürdigen CSR-Botschaften der LEH-Unternehmen im Zuge der *Green Communication* eine besondere Bedeutung zu. Mit steigender internaler Kontrollüberzeugung[1] eines Proactive[2]-LOHAS-Konsumenten steigt auch die „Word of Mouth"-Kommunikation (Mundpropaganda) mit In- (nähere Freunde und Familie) und Out-Groups (Andere als meine näheren Freunde/Familie) und damit die Diffusion der „grünen" Botschaften. Weibliche und männliche Konsumenten/LOHAS sind in der CSR-Kommunikation different anzusprechen. Wichtige Faktoren für weibliche Proactive-LOHAS sind Sicherheit, Leistung und ein sympathisches Unternehmen. Wichtige Einflussfaktoren für männliche Proactive-LOHAS sind Selbstbestimmung, das faire Verhalten des Handelsunternehmens gegenüber Wettbewerbern und die Glaubwürdigkeit der

[1]Hohe Ausprägungen in der Internalität (FKK-I) liefern den Hinweis, dass die ProbandIn nicht nur Handlungsmöglichkeiten sieht, sondern auch die Kontrolle über das eigene Leben und die Ereignisse in der eigenen Umwelt wahrnimmt.

[2]Für alle Bio-Heavy-User wurde auch eine ***LOHAS-Super-Skala*** berechnet, die eine multiplikative Aggregation der LOHAS-Scores und Ecological Footprint-Scores darstellt. Die Ecological Footprint-Skala (selbstberichtetes Verhalten) gewichtet hier die angeführten Konzeptbereiche „Einstellungen", „Verhaltensbereitschaften" und „Selbstberichtetes Verhalten" der LOHAS-Skala. Anhand der Perzentile (33 %) wurden danach die drei LOHAS-Super-Gruppen Basic LOHAS (0–92 Punkte), Proactive LOHAS (93–184 Punkte) sowie Mission-Driven-LOHAS (185–540 Punkte) gebildet.

CSR-Quelle „Werbung von LEH-Unternehmen". Weibliche Mission-Driven-LOHAS verfügen über Non-Konformität in der Werte-Orientierung und legen Wert auf ein sympathisches Unternehmen und faires Verhalten des Einzelhändlers gegenüber Wettbewerbern. Für die männlichen Befragten unter den Mission-Driven-LOHAS sind folgende Wirkungsfaktoren von Relevanz: eine hohe Produktqualität und die glaubwürdige Berichterstattung in Konsumentenmagazinen und Testberichten.

Bei Segmentierung der Bio-Medium- und Intensivkäufer (ca. 2/3 weiblich) zeigen sich unterschiedliche Möglichkeiten zu Ansprache via Nachhaltigkeitskommunikation. LEH-Unternehmen müssen *grüne Identitätsstifter* im Zuge von CSR-Projekten involvieren – Stimulation und Selbstbestimmung stehen bei diesem grünen Segment im Vordergrund. Transparenz und Detailorientierung im unternehmerischen CSR-Engagement gelten als Prämisse, um etwaige Zweifel bei der Dialoggruppe erst gar nicht aufkommen zu lassen. Die Unternehmenskommunikation sollte grundsätzlich alle Kanäle integrieren, Feedback sollte aktiv eingefordert werden – den Channel bestimmt die RezipientIn. Zu den effektivsten Kanälen zur Adressierung der Dialoggruppe zählen Konsumentenmagazine, Zertifikate von unabhängigen Organisationen und Beiträge in Fachzeitschriften wie z. B. Biorama. Informationen zu CSR-Projekten sollten leicht weiter verbreitet werden können (Social Media). Die Kommunikation an *grüne Selbstaufwerter* sollte jedenfalls dialogorientiert erfolgen. Der wirkungsvollste CSR-Kanal sind persönliche Gespräche mit Freunden/Bekannten/Verwandten. Nachhaltige Produkte bzw. Projekte sollten das Image des Rezipienten in ihrer/seiner peer-group erhöhen. Vertrauen zu Unternehmen bzw. Produkten wird im Rahmen beidseitiger Vorteile gewonnen – Sicherheit ist dieser Dialoggruppe aber sehr wichtig. Design und Status spielen eine große Rolle. Wissenschaftssendungen im Fernsehen wie z. B. Universum werden goutiert. *Grünen Bewahrern* muss der eigene Einfluss in punkto Nachhaltigkeit vermittelt werden – umso wichtiger ist die Darstellung der Consumer Social Responsibility. Hierbei sollten lokale Projekte und Spendenmöglichkeiten hervorgehoben werden – Tradition und Konformität bilden bei diesen Verbrauchern wichtige Wertorientierungen aus. Effektive Kommunikationskanäle sind Konsumentenmagazine, persönliche Gespräche, aber auch redaktionelle Beiträge in Tageszeitungen und Fachzeitschriften. *Grüne Idealisten* schätzen nachhaltige Produkte und überzeugen ihr Umfeld auch proaktiv von der Notwendigkeit des nachhaltigen Wirtschaftens. Unternehmen sind gut beraten, den Dialog mit dieser Gruppe aufzubauen – eine explizite, faktenorientierte Kommunikation wird bevorzugt. Effektive Kommunikationskanäle sind aber unternehmensexterne CSR-Medien. Dazu zählen neben Testberichten beispielhaft Newsletter von NPO, unabhängige Zertifikate wie z. B. Fairtrade und Vorträge von externen Experten. Als weniger effektiv kann hier die klassische Werbung der LEH-Unternehmen angeführt werden. Diese sollte eher bei grünen Bewahrern eingesetzt werden.

Grünes Marketing wirkt sich nicht per se negativ auf die Kaufabsicht einer Bio-Marke aus. Der Business-Case von CSR wird von den Konsumenten akzeptiert – sofern ein integres, nachhaltiges CSR-Engagement des Lebensmittelhändlers ausgemacht wird. Externe Kontrollen erhöhen die Glaubwürdigkeit der CSR-Maßnahmen. Eine kurzfristige Imagepflege wird nicht goutiert, Greenwashing ist jedenfalls zu vermeiden. Initiativen für die eigenen Mitarbeiter weisen im LEH das größte Reputationspotential auf. Gilt der LEH doch als medial kritisierte Branche in pkto. gerechte Löhne, Mitarbeiterbehandlung und Datenschutz. Der Bereich „Soziales" wird hier insgesamt wachsen. Eine positive Einstellung zu CSR von LEH-Unternehmen wirkt sich positiv auf die Kaufabsicht ausgewählter Bio-Eigenmarken aus. Da „grüne" Dialoggruppen die Motive, Umfang, Zeithorizont und Empfänger der vom Unternehmen gewählten CSR-Aktivitäten streng hinterfragen, ist es wichtig, ein stringentes Nachhaltigkeitsmanagement und eine abgestimmte, unternehmerische Nachhaltigkeitskommunikation vorweisen zu können. Weiters gilt es auch, die funktionale Reputation des Unternehmens im Auge zu behalten (Abstrahleffekte), die als Hygienefaktor für die soziale Reputation fungiert (auch für LOHAS). Als zentrales Instrument der Green Communication dient die Dialogkommunikation. So gilt es, auch eigene Schwächen und Rückschläge anzusprechen und die Ausgestaltung der unternehmerischen Nachhaltigkeit mit allen Stakeholdern zu diskutieren. Hier bietet sich v. a. die Social-Media-Kommunikation an, um eine kritische Masse an Meinungsführern aufzubauen. Die Kommunikation sollte CEO-proof, Stakeholder-spezifisch, transparent, kreativ, innovativ, überraschend und dialogisch sein und den Empfänger zum mitmachen auffordern.

Die Evaluation von CSR-Maßnahmen der österreichischen Lebensmitteleinzelhändler ist für den Durchschnittskonsumenten (sehr) schwierig, da die betrachteten Unternehmen unterschiedliche Indikatoren heranziehen (Stichwort: Normierung von CSR). Die Flut an Informationen überfordert bzw. verunsichert die Rezipienten. So muss auf die Umwandlung von CSR-Informationen in Wissen, eine hohe Transparenz und Glaubwürdigkeit der Nachhaltigkeitsaktivitäten ein besonderes Augenmerk gelegt werden.

Pionierarbeit in den Bereichen Ökologie und Soziales zu leisten, kann sich für LEH-Unternehmen auszahlen. V. a. ist es wichtig, Codes of Conduct mit den Lieferanten aufzusetzen, faire Preise zu zahlen und die Erzeuger in der Unternehmenskommunikation auf „die Bühne zu holen". Die Ausgestaltung der Nachhaltigkeit muss effektiv und effizient sein, so breit wie notwendig und so tief wie möglich. Die Einschätzung durch „grüne" Zielgruppen, dass Unternehmen nur soviel an CSR umsetzen, wie gerade nötig, sollte entkräftet, der Ausbau der nachhaltigen Produktschiene im LEH verfolgt werden.

Grundsätzlich wächst die Zahl an Menschen, die einen Paradigmenwechsel im Umgang mit Konsum und Nachhaltigkeit fordern: weg vom Gefühl der passiven Überforderung mit der Transformation in eine „nachhaltige Gesellschaft" hin zur einer optimistischen Passion, die Welt zu verändern, ein Stück besser/lebenswerter zu machen. Dies bestätigen auch die Ergebnisse zu Selbstkonzept und Kontrollüberzeugungen der strategischen Konsumenten. Mit diesem *neuen Selbst-Bewusstsein* erfolgt auch eine Neudefinition von Lebensqualität im Zuge der Sustainable Lifestyles. Das „grüne" Spektrum reicht bspw. von Bio zu Fairtrade, von vegetarischer zu veganer Lebensweise, von solidarischer Landwirtschaft und kollaborativem Konsum bis zur Wiederverwertung von „Essen aus dem Müll". Der Dialog ist jedenfalls erwünscht – dieser beginnt mit der vorrangigen Ansprache der Gesprächs-Partner als „Mensch" und nicht als „Konsument".

Das nächste Kapitel liefert die Antworten auf die wichtigsten Fragen rund um die Themen „LOHAS", „Konsum" und „strategische Kommunikation" im LEH und zeigt Handlungsempfehlungen für Unternehmen (im LEH) auf.

6 Hintergrunde und Tipps fur die Unternehmenspraxis

Ursprung des Phänomens LOHAS

Eine Analyse der Artikel und Bücher zum Thema LOHAS zeigt, dass das Thema vor rund 16 Jahren seinen Ursprung hatte und mit dem Jahr 2007 einen „Hype“ erlebte, der noch immer andauert. Die Zielgruppe der umweltbewussten KäuferIn wurde schon vor rund 20 Jahren identifiziert, das zeigt z. B. die REWE Bio-Eigenmarke Ja! Natürlich. Der Nachhaltigkeitstrend ist mittlerweile im Lebensmitteleinzelhandel und bei den Verbrauchern angekommen. Grünes Marketing wird von den Konsumenten akzeptiert – sofern ein integres, nachhaltiges CSR-Engagement des Lebensmittelhändlers ausgemacht wird. Die Bewertung von CSR-Maßnahmen ist für den Durchschnittskonsumenten aber (sehr) schwierig, da die betrachteten Unternehmen SPAR, REWE, Hofer etc. unterschiedliche Indikatoren heranziehen (Stichwort: Normierung von CSR). Externe Kontrollen erhöhen die Glaubwürdigkeit der CSR-Maßnahmen.

Unterschied von LOHAS zu anderen KonsumentInnen

LOHAS sind – was ihre Werte betrifft – selbstbestimmter, weniger macht- und sicherheitsorientiert, weniger konformistisch sowie „hedonistisch“ und zeigen eine ausgeprägte Wertschätzung gegenüber Menschen und Natur. Dass nachhaltiges Handeln und der Kauf von Bio- und Fairtrade-Produkten die Welt nicht von heute auf morgen ändert, schreckt sie nicht ab. Sie verfügen über ein positives Selbstkonzept eigener Fähigkeiten und können mit neuen, herausfordernden sowie mehrdeutigen Situationen gut umgehen. Damit treiben sie nachhaltiges Wirtschaften proaktiv voran. Sie sind auch eher bereit, einen höheren Preis für (nachweislich) nachhaltige Produkte zu bezahlen.

M. Pittner, *Consumer Segment LOHAS*, essentials,
DOI 10.1007/978-3-658-17142-1_6

Unterschiede in der Zielgruppe LOHAS

Grün ist nicht gleich Grün. Der Autor konnte in seiner Dissertation vier Gruppen an – vorwiegend weiblichen (ca. 2/3) – KäuferInnen identifizieren, die häufig oder ausschließlich Bio konsumieren: die Identitätsstifter, die Selbstaufwerter, die Bewahrer und die Idealisten. Das Motiv, ökologisch und sozial zu handeln, kann auch weniger „politisch korrekt" begründet sein. Daher sollte beispielsweise CSR-Kommunikation an Selbstaufwerter soziale Werte mit zielgruppenrelevanten Markenwerten verbinden, um diese Dialoggruppe für Nachhaltigkeit zu begeistern. So können design-affine „grüne" KonsumentInnen mit Design und Nachhaltigkeit abgeholt werden.

LOHAS mittlerweile Mainstream?

Ein grundsätzliches Interesse an ethischem Konsum (z. B. fair trade) bringen rund 90 % der deutschen Bevölkerung mit. Wenn es um die Vermeidung der Ausbeutung von Mensch und Tier geht, lassen sich rund 60 % abholen. Gelegentlich ethische Produkte kaufen rund 40 %. LOHAS machen je nach Studie 30 % der Bevölkerung aus, der LOHAS-Kern umfasst rund 10 % (in Anlehnung an Ranalli et al., 2009, S. 7–9). Das Kernsegment zeigt klare Präferenzen bei Werten wie Nachhaltigkeit, Umweltschutz, soziale Verantwortung und Gesundheit. Den deskriptiven Analysen zufolge sind LOHAS eher weiblich (zwei Drittel im Kernsegment), haben eine überdurchschnittliche Ausbildung, ein deutlich überdurchschnittliches Haushaltseinkommen, sind im Vergleich zum Durchschnitt häufiger verheiratet (mit Kindern) und haben eine Häufung bei 30–40 sowie bei 60 Jahren (>65 Jahre unterrepräsentiert).

LOHAS als Phänomen einer bestimmten sozio-ökonomischen Gruppe

Grundsätzlich haben die LOHAS ihre Werte-Basis in postmateriellen, etablierten und Modernen-Performer-Milieus. Gemäß den Studienergebnissen zieht sich der Kern der LOHAS von der gesellschaftlichen Mitte in oberschichtige Milieus zurück. Dabei besteht die Gefahr der fehlenden Anschlussfähigkeit an die „stimmungsbildende" soziale Mitte. Die bürgerliche Mitte steht weltfremden Forderungen, hochpreisigen Öko-Produkten, technischen Gadgets und stilistischen Experimenten mit Skepsis gegenüber. Nichtsdestoweniger wird der LOHAS-Trend gemäß den Autoren „…eine neue, soziokulturell breitere und ausgewogene soziale Norm in der Mitte der Gesellschaft…" ausbilden (Müller-Friemauth et al., 2009, S. 13–26).

Bewusster Konsum als Ersatz für das klassische bürgerliche Engagement
LOHAS schätzen den Einfluss auf das nachhaltige Wirtschaften von Unternehmen durch strategischen Konsum als Gruppe hoch ein. Sie sehen v. a. die Macht des Kollektivs. Besonders sozial und ökologisch nachhaltigkeitsorientierte KonsumentInnen (Mission-Driven-LOHAS) würden die eigene Macht als größer einstufen, als sog. Basic LOHAS, die durchschnittlich stark in das Thema involviert sind. Letztere versuchen z. B. zwar häufig Bio-Produkte zu kaufen, greifen jedoch genauso zu Discount-(Bio)-Artikeln. Grundsätzlich schätzen LOHAS Saison-, Bio- und Fairtrade-Produkte und den Boykott von unethischen Unternehmen, allerdings ersetzt dies für Proactive und Mission-Driven-LOHAS nicht eine politische Grundhaltung und eine notwendige gesellschaftliche Solidarität. „Kaufen" ersetzt für sie à la longue nicht, für seine Werte (auch) zu „demonstrieren".

LOHAS verändern sich und die Welt
Nachhaltiges, umweltbewusstes Handeln ist eine Frage der Persönlichkeit. Dies konnte im Rahmen der Dissertation nachgewiesen werden. LOHAS sind selbstbestimmter, weniger macht- und sicherheitsorientiert, weniger konformistisch sowie „hedonistisch" und schätzen einen respektvollen Umgang mit Mensch und Natur. Sie können auch eher damit umgehen, dass eigene Initiativen in punkto Nachhaltigkeit wie z. B. Strom sparen, das Auto öfter mal stehen zu lassen und kollaborativer Konsum eventuell erst in Jahrzehnten Früchte tragen. Und mit zunehmend „grüner" Orientierung steigt dann auch die Mundpropaganda, die als erfolgreichster Kanal zur Diffusion von nachhaltigen Botschaften eingestuft werden kann. Der Virus „Nachhaltigkeit" ist in positivem Sinne ansteckend.

LOHAS-gerechte Kommunikation von Unternehmen nur mit entsprechendem Produkt-Angebot
CSR sollte grundsätzlich im Kerngeschäft des Unternehmens „angesiedelt" sein. Als Basis fungiert die Wirtschaftsethik. Bei der Definition und Ausgestaltung von Nachhaltigkeitskommunikation schließt sich der Autor Brugger (2010, S. 101) an: „Nachhaltigkeitskommunikation hat einen starken gesellschaftlichen und ökonomischen Fokus, basiert auf einem ausgeprägt nachhaltigen unternehmerischen Handeln, das durch einen hohen Konnex zum Unternehmenszweck charakterisiert ist, und wird mit hohem Aufwand gegenüber Gesellschaft und Markt dialogisch kommuniziert". Missbrauch der Tools und Botschaften ist immer möglich – führt aber mittel- bis langfristig nicht zu „nachhaltiger Reputation".

Bandbreite der nachhaltigen Produkte im LEH

Eine Hauptkritik von „grünen" ExpertInnen am österreichischen Lebensmitteleinzelhandel ist, dass die nachhaltige Produktschiene nur eine „Nische" darstellt und der Großteil weniger nachhaltig stattfindet. Eine Änderung dieses Tatbestandes würde für die Einzelhändler bedeuten, auch mit geringeren Renditen leben zu können. Für Mission-Driven-LOHAS führt an dieser „Mission" kein Weg vorbei. Authentizität und Glaubwürdigkeit, Nachhaltigkeit als grundlegende Unternehmenskultur und nicht als Etikette sowie Ganzheitlichkeit sind ihre Forderungen. Die Bandbreite an mehr oder weniger nachhaltiger Produktpalette wird noch eine Zeit bleiben - ob die Glaubwürdigkeit der Unternehmen bei der DurchschnittskonsumentIn dadurch leiden wird, könnte der Autor nur mutmaßen.

Grundregeln beim Umwerben von LOHAS als Zielgruppe/n

Eine kurzfristige Imagepflege wird nicht goutiert, Greenwashing ist jedenfalls zu vermeiden. Initiativen für die eigenen Mitarbeiter weisen im Lebensmitteleinzelhandel (LEH) das größte Reputationspotential auf. Gilt der LEH doch als medial kritisierte Branche in punkto gerechte Löhne, Mitarbeiterbehandlung und Datenschutz. Da „grüne" Dialoggruppen die Motive, Umfang, Zeithorizont und Empfänger der vom Unternehmen gewählten CSR-Aktivitäten streng hinterfragen, ist es wichtig, ein stringentes Nachhaltigkeitsmanagement und eine abgestimmte, unternehmerische Nachhaltigkeitskommunikation vorweisen zu können. Als zentrales Instrument der Green Communication dient die Dialogkommunikation. So gilt es, auch eigene Schwächen und Rückschläge anzusprechen und die Ausgestaltung der unternehmerischen Nachhaltigkeit mit allen Stakeholdern zu diskutieren. Hier bietet sich v. a. die Social-Media-Kommunikation an, um eine kritische Masse an Meinungsführern aufzubauen. Die Kommunikation sollte von der Unternehmensführung initiiert, auf Dialoggruppen zugeschnitten, transparent und innovativ sein sowie den Empfänger zum mitmachen auffordern.

Abschneiden des österreichischen LEH bei LOHAS-KonsumentInnen

Neben ökonomischem Erfolg (funktionale Reputation) werden Unternehmen auch daran gemessen, wie sie entsprechend gesellschaftlicher Normen und Werte handeln (soziale Reputation). Dies gilt auch für ihre Produkte. Hier ist SPAR Vorreiterin: so werden dem Unternehmen eher die Unterstützung von gesellschaftlichen/sozialen Anliegen, eine gerechte Bezahlung der in- und ausländischen Lebensmittelproduzenten und faires Verhalten gegenüber MitarbeiterInnen und Wettbewerbern zugeschrieben als Billa, Hofer und Merkur. Bei der sozialen Reputation der Marken sichert sich Ja! Natürlich die Goldmedaille: der Verzicht auf künstliche Pflanzenschutzmittel, artgerechte Tierhaltung und umweltfreundliche Verpackung werden vorrangig dieser Eigenmarke zugeschrieben. LOHAS schätzen Bio-Eigenmarken, sind aber gegenüber Nahversorgern (insbesondere Discountern) kritisch eingestellt. Einzelne Lebensmittelhändler könnten ihre soziale Reputation steigern, indem sie ihre Unternehmensmarke intensiver mit ihrer Bio-Eigenmarke verbinden (Halo-Effekt).

Kein Rückzug des LOHAS-Kerns in Reformhäuser und Hofläden

Der Autor hofft, dass LOHAS Standards setzen, die nachhaltig Wirkung zeigen und die Demokratisierung von Bio voranschreiten wird. Dazu tragen auch die Discounter bei. Da LOHAS sich segmentieren, wird es immer auch KonsumentInnen geben, die nur in Reformhäusern einkaufen und Discountern per se misstrauen. Grundsätzlich wächst eben die Zahl an Menschen, die einen Paradigmenwechsel im Umgang mit Konsum und Nachhaltigkeit fordern: sei selbst die Transformation, die du dir in der Welt wünschst.

Was Sie in diesem *essential* mitnehmen können

- LOHAS ist nicht gleich LOHAS – LOHAS segmentieren sich und wollen differenziert angesprochen werden.
- LOHAS sind selbstbestimmter, weniger macht- und sicherheitsorientiert, weniger konformistisch sowie „hedonistisch“ und schätzen einen respektvollen Umgang mit Mensch und Natur.
- LOHAS-gerechte Kommunikation von Unternehmen funktioniert nur mit entsprechendem Produkt-Angebot.
- Zentrales Instrument der Green Communication ist die Dialogkommunikation.
- LOHAS schätzen Bio-Eigenmarken, sind aber gegenüber Nahversorgern (insbesondere Discountern) kritisch eingestellt.

M. Pittner, *Consumer Segment LOHAS*, essentials,
DOI 10.1007/978-3-658-17142-1

Literatur

Ahlert, Dieter, und Peter Kenning. 2007. *Handelsmarketing – Grundlagen der marktorientierten Führung von Handelsbetrieben*. Berlin: Springer.

Bagozzi, Richard P. 1975. Marketing as exchange. *Journal of Marketing* 39 (4): 32.

Basil, Debra Z., und Deanne Weber. 2006. Values motivation and condern for appearences: the effect of personality traits on responses to corporate social responsibility. *International Journal of Nonprofit and Voluntary Sector Marketing*. 11:61–72.

Bedford, Tracey, Peter Jones, und Helen Walker. 2004. *„Every little helps…": Overcoming the challenges to researching, promoting and implementing sustainable lifestyles*, 4. Westminster: Centre for Sustainable Development, University of Westminster.

Bell, Dick. 1999. Food retailing in Germany, Austria and Switzerland. *European Retail Digest* 1999 (22): 17–21.

Belz, Frank-Martin, Georg Karg, und Dieter Witt (Hrsg.). 2007. *Nachhaltiger Konsum und Verbraucherpolitik im 21. Jahrhundert*. Marburg: Metropolis Verlag.

Borin, Norm, Douglas C. Cerf, und R. Krishnan. 2011. Consumer effects of environmental impact in product labelling. *Journal of Consumer Marketing* 28 (1): 76–86.

Bronn, Peggy Simcic. 2012. Adapting the PZB service quality model to reputation risk analysis and the implications for CSR communication. *Journal of Communication Management* 16 (1): 77–94.

Bruhn, Manfred. 1999. *Marketing, Grundlagen für Studium und Praxis*, 4. Aufl. Wiesbaden: Gabler.

Buba, Hanspeter, und Susanne Globisch. 2008. *Ökologische Sozialcharaktere. Von Weltverändern, Egoisten und Resignierten – Persönlichkeitstyp und Lebenswelt als Basis von Umweltverhalten*. München: Oekom.

Bundesministerium für Land- und Forstwirtschaft, Umwelt und Wasserwirtschaft (BMLFUW). Hrsg. 2002. *Österreichs Zukunft Nachhaltig Gestalten – Die österreichische Strategie zur Nachhaltigen Entwicklung. Eine Initiative der Bundesregierung*. Wien: BMLFUW.

Caruana, Robert, und Andrew Crane. 2008. Constructing consumer responsibilty: Exploring the role of corporate communications. *Organization Studies* 29 (12): 1495–1519.

Chaudry, Karan, und Venkat R. Krishnan. 2007. Impact of corporate social responsibility and transformational leadership on brand community: An experimental study. *Global Business Review* 8 (2): 205–220.

M. Pittner, *Consumer Segment LOHAS*, essentials,
DOI 10.1007/978-3-658-17142-1

Cialdini, R.B., M. Schauer, D. Houlihan, K. Arps, F. Fultz, und A. Beaman. 1987. Empathy-based helping: Is it selfishly or selflessly motivated? *Journal of Personality and Social Psychology.* 52:749–758.

Clary, E. Gil, Robert D. Ridge, Arthur A. Stukas, Mark Snyder, John Copeland, Julie Haugen, und Peter Miene. 1998. Understanding and assessing the motivations of volunteers: A functional approach. *Journal of Personality and Social Psychology.* 74 (6): 1516–1530.

Cohen, Maurie J. 2005. Consumer credit, household financial management, and sustainable consumption. *International Journal of Consumer Studies* 31:57–65.

Department for Environment, Food und Rural Affairs (Defra) (Hrsg.). 2008. *A framework for pro-environmental behaviors*. London: Defra.

Die Handelszeitung (2012; Hrsg.). Lebensmittel- und Drogeriefachhandel 2012. Wien: Österreichischer Wirtschaftsverlag.

Dauvergne, Peter, und Jane Lister. 2010. The prospects and limits of eco-consumerism: Shopping our way to less deforestation? *Organization Environment* 23 (2): 132–154.

Dinh, Hai Van Duong. 2011. *Corporate social responsibility. Determinanten der Wahrnehmung, Wirkungsprozesse und Konsequenzen*. Wiesbaden: Gabler.

Empacher, Claudia, und Immanuel Stieß. 2007. Nachhaltiger Konsum im Alltag – Konzeptioneller Zugang und empirische Erkenntnisse. In *Handbuch Nachhaltigkeitskommunikation – Grundlagen und Praxis*, 2. Aufl, Hrsg. Gerd Michelsen, und Jasmin Godemann, 474–485. München: oekom.

EU-Kommission. 2001. *Grünbuch Europäische Rahmenbedingungen für soziale Verantwortung der Unternehmen.* Brüssel: EU-Kommission.

EU-Kommission. 2011. Mitteilung der Kommission an das Europäische Parlament, den Rat, den Europäischen Wirtschafts- und Sozialausschuss und den Ausschuss der Regionen. Eine neue EU-Strategie (2011–14) für die soziale Verantwortung der Unternehmen (CSR), Brüssel, 25. 10. 2011 KOM(2011) 681 endgültig.

Glöckner, Alexandra, Ingo Balderjahn, und Mathias Peyer. 2010. Die LOHAS im Kontext der Sinus-Milieus. *Marketing Review St. Gallen* 5:36–41.

Hackl, Peter, Dieter Scharitzer, und Reinhard Zuba. 2000. Customer satisfaction in the Austrian food retail market. *Total Quality Management* 11 (7): 999–1006.

Haller, Hans Christian. 2001. *Handels-Marketing*, 2. Aufl. Ludwigshafen: Kiehl.

Hartmann, Kathrin. 2009. *Ende der Märchenstunde. Wie die Industrie die Lohas und Lifestyle-Ökos vereinnahmt*. München: Blessing.

Hartmann, Patrick, und Vanessa Apaolaza-Ibánez. 2006. Green value added. *Marketing Intelligence & Planning* 24 (7): 673–680.

Hauff, Volker. 1987. *Unsere gemeinsame Zukunft. Der Brundtland-Bericht*. Greven: Eggenkamp.

Heiler, Florian, Karl-Michael Brunner, Alfred Strigl, Margit Leuthold, Hanni Rützler, Alexander Keul, Dietmar Kanatschnig, Petra Schmalnauer, und Sylvia Brenzel. 2008. *Sustainable Lifestyles. Nachhaltige Produkte, Dienstleistungen und Lebensstile hervorbringen: Analyse von Lebensstiltypologien, Gestaltungsmöglichkeiten für Unternehmen, Einbindung von Konsumenten und Stakeholdern, Schriftenreihe 01/2009*. Wien: Bundesministerium für Verkehr, Innovation und Technologie.

Hobson, Kersty. 2004. Sustainable consumption in the United Kingdom: The responsible consumer and government at "Arm's Length". *Journal of Environment & Development.* 13 (2): 121–139.

Hofer, Florian. 2009. *Management der Filiallogistik im Lebensmitteleinzelhandel – Gestaltungsempfehlungen zur Vermeidung von Out-of-Stocks.* Wiesbaden: Gabler.

Holst, Jens. 2007. Marketing und Marken. Horizont, 8. Juni, S. 19.

Integral Hrsg. 2012. Nachhaltigkeit und CSR 2012, Welle 3, Studien Nr. 4581 (AT2523)/2012, Juli 2012.

Jaffe, Eugene D., und Hanoch Pasternak. 2006. Moral intensity as a predictor of social responsibility. *Business Ethics: A European Review* 15: 53–63.

Jauschowetz, Dieter. 1995. *Marketing im Lebensmitteleinzelhandel – Industrie und Handel zwischen Kooperation und Konfrontation.* Wien: Ueberreuter.

Karle, Roland. 2008. Marketing. In Horizont Nr. 19 (8.05.2008).

Kassel, Kerul. 2012. The circle of inclusion: Sustainability, CSR and the values that drive them. *Journal of Human Values* 18 (2): 133–146.

Knickel, Karlheinz und Burkhard, Schaer. 2004. Nachhaltigkeit in der Lebensmittelwirtschaft: Herausforderungen und Chancen für das Marketing. Nürnberg: Seminar auf der BIOFACH im Zuge des Europäischen Forschungsvorhabens Marketing Sustainable Agriculture (SUS-CHAIN).

Köppl, Peter, und Martin Neureiter (Hrsg.). 2004. *Corporate social responsibility. Leitlinien und Konzepte im Management der gesellschaftlichen Verantwortung von Unternehmen.* Wien: Linde.

Kotler, Philip, Kevin Kane Keller, und Friedhelm Bliemel. 2007. *Marketing-Management – Strategien für wertschaffendes Handeln*, 12. Aufl. München: Pearson Education.

Kroeber-Riel, Werner, Peter Weinberg, und Andrea Gröppel-Klein. 2009. *Konsumentenverhalten*, 9. Aufl. München: Vahlen.

Langer, Alexandra, Martin Eisend, und Alfred Kuß. 2008. Zu viel des Guten? Zum Einfluss der Anzahl von Ökolabels auf die Konsumentenverwirrtheit. *Marketing ZFP*30 (1): 19–28.

Leonidou, Leonidas C., Constantinos N. Leonidou, und Olga Kvasova. 2012. Cultural drivers and trust outcomes of consumer perceptions of organizational unethical marketing behavior. *European Journal of Marketing* 47 (3): 1–42.

Madlberger, Hanspeter. 2010. Ökosoziale ECR-Zusammenarbeit. *Key Account – Fachinformationen für Entscheidungsträger im Handel und in der Markenartikelindustrie* 20:1–3.

Maheswaran, D., D.M. Mackie, und S. Chaiken. 1992. Brand name as a heuristic cue: The effects of task importance and expectancy confirmation on consumer judgements. *Journal of Consumer Psychology* 1 (4): 317–336.

Möhlenbruch, Dirk, und Annett Wolf. 2008. Markenführung im Einzelhandel auf der Grundlage ökologischer und sozialer Verantwortung. *Transfer Werbeforschung & Praxis.* 2009 (4): 42–50.

Moreau, Raphael. 2006. Retailing in Germany, Austria and Switzerland. *European Retail Digest* 2006 (50): 26–30.

MPG International Hrsg. 2004. Sustainable Motivation – Attitudinal and behavioural drivers for action. Report on a UNEP Project, London.

Müller-Friemauth, F., N. Klein-Reesink, und C. Harrach. 2009. *LOHAS: Mehr als Green Glamour. Eine soziokulturelle Segmentierung*. Heidelberg: Sinus Sociovision und Karmakonsum.

Müller-Hagedorn, Lothar, und Martin Natter. 2011. *Handelsmarketing*, 5. Aufl. Stuttgart: Kohlhammer.

Nachtwey, Jutta, und Judith Mair. 2008. *Design ecology! Neo-grüne Markenstrategien*. Mainz: Schmidt.

Peattie, Ken. 2001. Towards sustainability: The third age of green marketing. *The Marketing Review* 2:129–146.

Pfannenmüller, Judith. 2008. Die neue Macht der Moralisten. *Werben und Verkaufen* 16: 12.

Prexl, Anja. 2010. *Nachhaltigkeit kommunizieren – nachhaltig kommunizierenAnalyse des Potenzials der Public Relations für eine nachhaltige Unternehmensentwicklung*. Wiesbaden: VS Verlag.

Ranalli, Silva, Simone Reitbauer, und Dagmar Ziegler. 2009. *TrendReport Grün*. München: SevenOne Media.

Raßhofer, Doris. 2008. Fünf vor Zwölf. Bestseller Nr. 10 (1.11.2008).

Ray, P.H., und S.R. Anderson. 2000. *The cultural creative: How 50 million people are changing the world*. New York: Three Rivers Press.

Reisch, Lucia. 2001. Time and wealth: The role of time and temporalities for sustainable patterns of consumption. *Time & Society*. 10 (2–3): 367–385.

Rössler, Sabrina, und Pia Brenken. 2009. *Green market, green business: Die Konsumkultur der LOHAS. Erfolgspotenziale zielgruppenorientierter Unternehmenskommunikation*. Saarbrücken: Verlag Dr. Müller.

Schaefer, Anja, und Andrew Crane. 2005. Addressing sustainability and consumption. *Journal of Macromarketing* 25 (1): 76–92.

Schniedermeier, Martin, Birgit Czinkota, Christoph Harrach, und Noel Klein-Reesink. 2008. LOHAS. Imaginärer Gesellschaftstrend oder reale Differenzierung im Einkaufsverhalten? Eine Studie auf Basis des Nielsen Haushaltspanels und der Typologie von KarmaKonsum. Frankfurt a. M.

Schobelt, Frauke. 2007. Ethik und Ökologie. Nachhaltigkeit als Wettbewerbsfaktor. In media & marketing. Nr. 11 (2.11.2007).

Schoenheit, Ingo, Grünewald Markus, und Krischak Steffen. 2008. *CSR im Handel – Die gesellschaftliche Verantwortung des Einzelhandels*. Hannover: imug Institut für Markt-Umwelt-Gesellschaft e. v. an der Leibniz Universität Hannover.

Schröder, Monika J.A., und Sabine McKinnon. 2007. Learning good judgement: Young Europeans' perceptions of key consumer skills. *International Journal of Consumer Studies*. 31:152–159.

Schuster, Hannah, Jürgen Sakz, Stefan Biskamp, Peter Steinkirchner, Hans-Jürgen Klesse, Alexander Busch, Dieter Schnaas, Harald Schuhmacher, Christian Ramthun. 2007. Die Macht des Guten. Moral bringt Profit. Wirtschaftswoche. 38:56.

SDC. 2011. *Making sustainable lives easier. A priority for government, business, and society*. London: Sustainable Development Commission.

Sichau, Ingeborg. 2008. Die Verpflichtung zu gesellschaftlicher Verantwortung erhält mehr Raum in der Kommunikation. Horizont Nr. 11, 13. Marz.

Soyez, Katja. 2012. How national cultural values affect pro-environmental consumer behavior. *International Marketing Review* 29 (6): 623–646.

Sywottek, Christian. 2004. Macht's gut. *Brand Eins* 10 (4): 64–70.

Tappe, Karsten und Meike Gebhard. 2010. Branchen Barometer I/2010: Nachhaltigkeit im Lebensmittelhandel. Ergebnisse der Konsumentenbefragung – durchgeführt von Ketchum Pleon GmbH und Utopia AG. München.

Trommsdorff, Volker. 2009. *Konsumentenverhalten*, 7. Aufl. Stuttgart: Kohlhammer.

Wenzel, Eike, Anja Kirig, und Christian Rauch. 2008. *Wie der grüne Lifestyle Märkte und Konsumenten verändert*. München: Redline Verlag.

Witkowski, Terrence H. 2005. Fair trade marketing: An alternative system for globalization and development. *Journal of Marketing Theory & Practice* 13 (4): 22–33.

Yoon, Yeosun, Zeynep Gürhan-Canli, und Norbert Schwarz. 2006. The effect of corporate social responsibility (CSR) activities on companies with bad reputations. *Journal of Consumer Psychology* 16 (4): 377–390.

Internetquellen

Hassler, Robert. 2009. oekom Corporate Responsibility Review 2009. Nachhaltigkeit in Unternehmensführung und Kapitalanlagen – eine Bestandsaufnahme. http://www.oekom-research.com/homepage/german/oekom_CR_Review_09.pdf. Zugegriffen: 11. Nov. 2016.

Kaiser, Stefan, und Christopher Peterka. 2008. Die Misstrauensfalle. Weil die Wirtschaft lieber trojanische Pferde als authentische Waren anbietet, wittern die Konsumenten überall Betrug. http://www.gdi.ch/publikationen/gdi-impuls-fr-hling-2008. Zugegriffen: 26. März 2009.

Singer, Claudia. 2008. Hintergrunddossier Nachhaltiger Konsum: Rahmenbedingungen – Optionen – Rollen im Zuge der Konferenz "Nachhaltiger Konsum goes Europe". http://www.eu-umweltbuero.at/veranstaltung/Bericht_Konsum081008.pdf. Zugegriffen: 23. Mai 2011 (2008).